Agnès Aubertot Xavier Rodríguez Rosell

© 2011 Martins Editora Livraria Ltda., São Paulo, para a presente edição.
© Difusión, Centro de Investigación y Publicaciones de Idiomas, S.L., Barcelona, 2009.
Esta obra foi originalmente publicada em espanhol sob o título *À Donf!*

Publisher	*Evandro Mendonça Martins Fontes*
Coodernação editorial	*Vanessa Faleck*
Tradução	*Carlos Antonio L. de Lima*
	Egisvanda Isys de A. Sandes
Revisão técnica	*Marcelo Mori*
	Maria Cristina Cupertino
Revisão	*Carmem Cacciacarro*
	Danielle Benfica
Redação	*Eulália Mata Burgarolas*
	Rosa Plana Castillón
Desenho da capa e do miolo	*La japonesa*
Ilustrações	*Sergi Padró*

Dados Internacionais de Catalogação na Publicação (CIP)
(Câmara Brasileira do Livro, SP, Brasil)

Aubertot, Agnès

À donf! : dicionário de gírias, neologismos, colo-
quialismos, sms, acrônimos etc. : francês-português /
Agnès Aubertot, Xavier Rodríguez Rosell ; [tradução
[do espanhol] Carlos Antonio L. de Lima e Egisvanda
Isys de Almeida Sandes]. – São Paulo : Martins Martins
Fontes, 2011.

Título original: À donf! français/español.
ISBN 978-85-61635-90-9

1. Francês – Gíria – Dicionários 2. Francês –
Vocabulários, glossários – Português 3. Neologismos I.
Rodríguez Rosell, Xavier. II. Título.

    CDD-443.09
11-01781   -469.09

Índices para catálogo sistemático:
1. Francês : Gíria : Linguística 443.09
2. Português : Gíria : Linguística 469.09

Todos os direitos desta edição reservados à
Martins Editora Livraria Ltda.
Av. Dr. Arnaldo, 2076
01255-000 São Paulo SP Brasil
Tel.: (11) 3116 0000
info@emartinsfontes.com.br
www.emartinsfontes.com.br

O objetivo deste dicionário é criar um guia prático, de fácil consulta, para ajudar a entender as palavras e expressões mais úteis, habituais e curiosas do francês popular. *À Donf!* possui termos que em geral não aparecem nos dicionários convencionais nem nos livros didáticos, não só porque são tabus, portanto politicamente incorretos, mas também porque são recentes, utilizados na atualidade. Esta obra pretende divertir e interessar o leitor com temas e termos atuais e práticos (gírias, vernáculos, neologismos, acrônimos, coloquialismos etc.) retirados de contextos reais, como séries de TV, *chats*, filmes e, principalmente, das ruas.

Esta obra contém novas vozes que foram incorporadas ao francês pelas populações imigrantes ou de cultura anglo-americana, com os termos que são fruto das abreviações, transformações, deformações etc. Já que a maioria é de origem oral, algumas necessitam de uma grafia específica, e para cada termo apresentamos suas transcrições mais frequentes.

À Donf! é, definitivamente, um pequeno dicionário direcionado a todos os brasileiros que sentem a necessidade desse tipo de linguagem ou tenham curiosidade por ele. Por sua estrutura bidirecional, é ideal também para todos os falantes de francês que queiram se aproximar do português do Brasil, utilizado diariamente na linguagem informal, familiar e, até mesmo, vulgar à qual dificilmente se tem acesso na literatura habitual.

Os autores

Lista de abreviaturas

®	marca registrada	marque déposée
abrev./abrév.	abreviação	abréviation
am.	americano	américain
ant.	antiquado/a, antigo/a	ancien
ár./ar.	árabe	arabe
gír.	gíria	argot
contrac.	contração	contraction
defor./défor.	deformação	déformation
despect. / péj.	depreciativo	péjoratif
expr.	expressão	expression
f.	feminino	féminin
fam.	familiar	familier
fig.	em sentido figurado	dans un sens figuré
fr.	francês	français
frag./extr.	fragmento	extrait
inf.	infinitivo	infinitif
ing./angl.	inglês	anglais
interj.	interjeição	interjection
irón./iron.	em sentido irônico	ironique
lit./littéralt	literalmente	littéralement
it.	italiano	italien
loc.	locução	locution
m.	masculino	masculin
n.	nome	nom
n.p.	nome próprio	nom propre
pl.	plural	pluriel
prnl.	pronominal	pronominal
pref./préf.	prefixo	préfixe
pron.	pronome	pronom
qqch		quelque chose
qqn		quelqu´un
sing.	singular	singulier
suf./suff.	sufixo	suffixe
transfor.	transformação	transformation
v.	verbo	verbe
vulg.	vulgar	vulgaire

FRANCÊS-PORTUGUÊS

EH, MADEMOISELLE,
TU ME PASSES TON 06?
JE T'APPELLE DEMAIN
- E AÍ, GATA, ME PASSA
 SEU CELULAR?
 TE LIGO AMANHÃ.

06 *fam.*
NÚMERO DE TELEFONE (CELULAR)

—*Eh, mademoiselle, tu me passes ton 06 ? Je t'appelle demain.* • E ai, mina, me passa seu celular? Te ligo amanhã.

22 (v'là les flics) *fam.*
Antigamente este número era usado para chamar a polícia na França. Vem daí a expressão que pode significar algo como: "fica esperto, a polícia tá na área".

24 heures sur 24 *expr.*
24 HORAS POR DIA

—*La station service est ouverte **24 heures sur 24**.* • O posto de gasolina fica aberto 24 horas por dia.

40
s'en foutre comme de l'an 40 *expr.*
NÃO ESTAR NEM AÍ PARA ALGUÉM

—*Tu peux dire ce que tu veux, je **m'en fous comme de l'an 40**.* • Estou pouco me lixando para o que você diz.

9-2 (neuf-deux), les Hauts-de-Seine

9 3 (le neuf cube), 9-3 (neuf-trois), la Seine-Saint-Denis

9-4 (neuf-quatre), le Val-de-Marne *expr.*

A França é dividida em departamentos (regiões) e, cada um tem um número correspondente aos dois primeiros dígitos do código postal (que contém 5 dígitos). Esses números também faziam parte das placas de carro, atualmente são encontrados apenas nas placas mais antigas. Setenta e cinco é o número da cidade de Paris (única cidade com número próprio) e 92, 93, 94 são os departamentos limítrofes da capital francesa.

Atualmente está na moda dizer cada número separado em vez da leitura em forma de dezenas: **le neuf-trois, le neuf-deux** (o nove-três, o nove-dois). Alguns destes, inclusive, dão origem a expressões complexas como (le neuf cube). Este uso está limitado à região Île-de-France (75, 77, 78, 91, 92, 93, 94 e 95), onde a maioria dos jovens usa gírias.

—*J'suis né dans le! **quatre-vingt-treize**.* • Nasci no departamento 93.

a abouler

abouler v., gír.
Também **rabouler**.
1 SOLTAR

—**Aboule** l'oseille ! • Solta a grana!

2 VIR

—**Aboule** ! Tout le monde t'attend. • Venha logo! Todo mundo tá esperando você.

abréger v., fam.
RESUMIR

—**Abrège** ! On a pas toute la journée. • Resume aí! A gente não tem o dia inteiro.

abuser v., fam.
ABUSAR, EXAGERAR

—Vous **abusez**, M'sieur, on peut pas lire 20 pages pour demain. • Professor, não extrapola, não dá pra ler 20 páginas até amanhã.

accoucher v., fam.
1 CONTAR, DESEMBUCHAR

—**Accouche** ! Qu'est-ce qui s'est passé après ? • Desembucha! O que aconteceu depois?

2 CONFESSAR, SOLTAR

—**Accouche** où est le fric ! • Confessa onde tá a grana!

accro adj., subs. f. e m., fam.
1 VICIADO/A, VIDRADO/A

—Il est **accro** aux jeux en ligne. • Ele é viciado em jogos on-line.

2 PIRADO/A, ENLOUQUECIDO/A, LOUCO/A

—Il est complètement **accro** à cette nana. Il ne parle que d'elle. • Ele é completamente louco por essa garota. Fala dela o tempo todo.

UMA PESSOA PODE SER ACCRO POR QUALQUER COISA: POR SEXO, POR CHOCOLATE, POR TRABALHO, POR ÁLCOOL, PELOS MANGÁS ETC.

ado subs. f. e m., abrev.
(**adolescent**)
MENINO, ADOLESCENTE

—Dans mon centre de loisirs je m'occupe d'**ados** de 13 à 15 ans. • No centro esportivo trabalho com meninos de 13 a 15 anos.

loc., inversão
(à fond)
PENSAR

_Elle est **à donf** dans la prépa de son concert. • Ela só pensa nos preparativos do show.

À FOND, À DONF, À FOND, LA CAISSE, À FOND LES BALLONS, À TOUTE BERZINGUE… SÃO EXPRESSÕES DIFERENTES QUE SIGNIFICAM "ESTAR ENVOLVIDO TOTALMENTE"

à plus !, à + ! *abrev.*
(à plus tard)
ATÉ MAIS!

—On se casse. **À plus!** • Estamos indo nessa. Até mais!

à toute ! *abrev.*
(à tout à l'heure)
ATÉ LOGO, ATÉ MAIS!

—Je reviens dans une heure. **À toute!** • Volto em uma hora. Até mais!

affaire *subs. f., fam.*
1 PECHINCHA, MUITO BARATO

—Cette bagnole, c'est une **affaire!** Elle coûte que 4 000 euros. • Este carro é uma pechincha. Custa só 4 000 euros.

2 **lâcher l'affaire** *loc.*
DEIXA PRA LÁ, DEIXA ESTAR

—**Lâche l'affaire**, il va jamais changer d'avis. • Deixa pra lá! Ele nunca vai mudar de opinião.

afficher *v., inversão.*
DESMORALIZAR, ACABAR (COM ALGUÉM)

—Elle m'a **affiché** devant mes potes en disant que j'avais une p'tite bite. • Ela acabou com a minha moral na frente dos meus amigos quando disse que meu pau era pequeno.

ainf *subs. f., inversão*
(faim)
FOME

alcoolo *subs. f. e m., fam.*
ALCOÓLATRA

—Dans le film "Leaving las Vegas", Nicolas Cage joue le rôle d'un **alcoolo**. • No filme Despedida em Las Vegas, Nicolas Cage interpreta um alcoólatra.

alloc *subs. f., fam.*
AJUDA, AUXÍLIO
Les allocs se referem a **les allocations familiales** (algo próximo da bolsa-família, mas independentemente da renda), que correspondem a uma ajuda para as famílias com dois ou mais filhos.

—Les voisins touchent plus d'**allocs**. • Os vizinhos recebem um auxílio maior.

allonger v., fam.
1 SOLTAR, LIBERAR, DAR (DINHEIRO)

—Il peut crever, j'**allongerai** pas un rond. • Que se dane, não dou nem mais um centavo.

2 en allonger une, allonger une baffe, allonger une gifle loc.
DAR UM TAPA, UMA BOLACHA

—Je vais t'**en allonger une**. • Vou te dar uma bolacha na cara.

allumer v., fam.
1 DAR BRONCA

—Momo a **allumé** le mec qui lui avait piqué son vélo. • Momo deu uma bronca no cara que tinha roubado sua bicicleta.

2 EXCITAR, PROVOCAR, ASSANHAR, SE OFERECER

—Elle **a allumé** tous les mecs de la boîte. • Ela assanhou todos os caras da discoteca.

3 allumé/e adj., subst., fam.
MAL DA CABEÇA, TONTO/A, NÃO BATER BEM

Também **allumé/e de la tête**.

—Ce mec, il est **allumé**. Il a engueulé le type qui lui a évité de se faire renverser. • Esse cara não bate bem. Deu a maior bronca no cara que evitou que ele fosse atropelado.

SINÔNIMOS DE ALLUMÉ: TARÉ, BARGE, BARJO, CINGLÉ, CHTARBÉ, DÉBILE, DÉJANTE, DINGUE, FÊLÉ, GUEDIN, MABOUL, LOUF, OUF, SIPHONNÉ, TAPÉ, TIMBRÉ, TOQUÉ...

4 allumeur/euse adj., subs., fam.
OFERECIDA, ASSANHADA
Allumeur é menos frequente que o feminino **allumeuse**.

—Anna, quelle **allumeuse** ! Elle drague tous les mecs qu'elle voit et au dernier moment elle refuse toujours de coucher avec. • A Anna é super-oferecida! Provoca tudo quanto é homem e não vai pra cama com ninguém.

5 se faire allumer loc.
LEVAR UMA BRONCA/ UM ESPORRO

—Je **m'suis fait allumer** par le prof de géo. • Levei um esporro/ uma comida de rabo do professor de geografia.

allouf subs. f., gír.
FÓSFORO

—J'ai plus d'**alloufs**. T'as du feu ? • Acabaram meus fósforos. Você tem fogo?

alu subs. m., abrev. (aluminium)
PAPEL-ALUMÍNIO

—Passe-moi l'**alu**. • Me passa o papel-alumínio.

ambiancer *v., gír.*
DIVERTIR-SE, DESFRUTAR UM AMBIENTE ESPECÍFICO, UM CLIMA BOM

—*Dis donc, quelle fête géniale, j'suis ambiancé!* • Putz, que festa! Essa balada num clima bom!

s'amener *v., fam.*
ACORDAR, FICAR ESPERTO

—*Tu t'amènes! Ça fait 20 minutes qu'on t'attend.* • Acorda! Faz 20 minutos que a gente tá te esperando.

amocher *v., fam.*
1 ESTRAGAR, FERRAR

—*Je vais le tuer, il a amoché mon vélo.* • Eu mato ele. Ferrou com minha bicicleta.

2 FODER COM ALGUÉM, ACABAR COM ALGUÉM (*irôn.*)

—*Ils lui ont foutu une bonne raclée, ils l'ont bien amoché.* • Deram uma surra nele, acabaram com ele.

andouille *subs.. f., fam.*
1 BOBO/A, IDIOTA, INGÊNUO, BESTA

—*Quelle andouille! Il a pas vu qu'Yvette était derrière lui quand il s'est mis à la critiquer.* • Que idiota! Não viu que a Yvette estava atrás dele quando começou a falar mal dela.

2 faire l'andouille *loc.*
FAZER-SE DE IDIOTA

antisèche *subs. f., gír.*
COLA (em uma prova)

apéro *subs. m., fam. abrev.*
(apéritif)
APERITIVO

—*On se prend un petit apéro avant de manger ?* • Vamos tomar um aperitivo antes da comida?

aprèm *subs. m. ou f., fam., abrev.*
(après-midi)
TARDE

—*J'ai rien foutu de l'aprèm.* • Vagabundiei a tarde toda.

archi- *pref., fam.*
MEGA-, SUPER-
Archi é colocado antes dos adjetivos para expressar excesso, um alto grau. É muito usado.

—*Ce bouquin est archi-chiant.* • Este livro é superchato/megachato.

arracher *v., fam.*
1 ARDIDO, SER PICANTE

—*La cuisine antillaise, ça arrache.* • A comida antilhana é muito picante.

2 à l'arrache *loc., fam.*
NA MARRA, ÀS PRESSAS

—*J'étais à la bourre, j'ai fait ma valise à l'arrache.* • Eu estava super--atrasado, arrumei a mala às pressas.

3 s'arracher
IR EMBORA, VAZAR

—*On s'emmerde ici. On **s'arrache**?* • *Tá um saco aqui. Vamos vazar?*

s'arranger (pas) v., fam.
(NÃO) MELHORAR

—*Celui-là, il **s'arrange pas** avec le temps. Il est toujours aussi gamin !* • *Esse cara não melhora com o tempo. Continua um bebezão!*

arroser v., fam.
TOMAR UMAS, BEBER PARA COMEMORAR ALGO

—*Il a eu son permis, ce soir on va **arroser** ça.* • *Ele tirou a carta de motorista, hoje à noite vamos tomar umas pra comemorar.*

asiate n. f. y m., fam.
ORIENTAL
Também se usa para fazer referência a qualquer asiático.

—*Le XIIIe est l'arrondissement des **Asiates**.* • *O 13º distrito (de Paris) é o dos chineses.*

asmeuk expr., inversão
(comme ça)
Também **ascom**, **askeum**.
DESSE JEITO, ASSIM, COMO ESSE/ESTE

—*Bébert a un clebs p'tit **ascom**.* • *Beto tem um cachorro pequeno como esse/desse jeito.*

asso subs. f., abrev.
(association)
Também **assoc'**, **assoce**.
ASSOCIAÇÃO

—*Elle bosse gratos dans une **asso** de défense des animaux.* • *Ela trabalha de graça numa associação de defesa dos animais.*

assurer v., fam.
SER EXPERT, SER O CARA, SER UM GÊNIO

—*Tu verras ce DJ, il **assure** grave!* • *Você vai ver só esse DJ, ele é o cara.*

asticoter v., fam.
1 PROVOCAR, ENCHER O SACO

—*S'il continue à l'**asticoter**, il va se prendre une baffe.* • *Se você continuar enchendo o saco dele, ele vai te meter a mão.*

2 s'asticoter (le manche) v. prnl., vulg.
BATER UMA PUNHETA
Também **s'astiquer**.

auch adj., inversão
(chaud)
1 FOGOSA

—*Cette nana, elle est **auch**. T'as vu comme elle danse ? Elle se croit dans un film porno.* • *Essa mina tá no cio. Tá vendo como ela dança? Deve tá achando que tá num filme pornô.*

2 MAL, FERRADO

—*J'ai rien appris pour l'épreuve de philo de demain. C'est* **auch.**
• Não estudei nada pra prova de filosofia de amanhã. Tô ferrado/fodido.

avaler *v., fam.*

1 COMER

—*Je comprends pas Pascal quand il parle français, il* **avale** *la moitié des mots.* • Não entendo o Pascal quando tá falando francês. Ele come metade das palavras.

2 avaler le morceau, avaler la pilule *loc.*

ENGOLIR (*fig.*)

—*Quand j'ai su qu'elle m'avait trompé, j'ai eu du mal à* **avaler le morceau.** • Foi duro de engolir quando soube que ela tinha me enganado.

3 avaler sa langue *loc.*

FICAR CALADO, NÃO DAR UM PIO

—*Tu tchatchais comme un ouf et maintenant, t'***as avalé ta langue** *ou quoi ?* • Você falava como um louco, não dá mais nem um pio?

-ave *suf.*

Os verbos introduzidos pelos ciganos soam muito vulgares em francês. São, em geral, invariáveis (não conjugados) e se caracterizam pela terminação em -ave ou em -aver. Às vezes é utilizada uma terminação de imperfeito em -avait ou o particípio passado -ave.

pillave encher a cara (beber muito)

bédave dar um trago (fumar)

bouillave transar

poucave dedar para a polícia

graillave devorar

—*Hier soir on a* **pillave** *comme des oufs !* • Ontem à noite enchemos a cara como loucos!

ELLE EST BARJO CETTE NANA. ELLE PARLE AVEC LES MANNEQUINS DA VITRINE • ELA TÁ PIRADA, ESTÁ MEIO LESADA. FALA ATÉ COM OS MANEQUINS DA VITRINE.

C'EST PAS EN MANGEANT DES FRITES QUE TU VAS PERDRE TA BRIOCHE • SE VOCÊ CONTINUAR COMENDO BATATAS FRITAS, NÃO VAI PERDER A BARRIGA.

baba adj., n., fam.
Também **bab, baba cool, babos** (pronuncia-se o s final de babos).

1 HIPONGA, HIPPIE

—*Regarde ce **babos**. Personne lui a dit qu'on était plus dans les années 70 ?* • *Olha só esse hiponga, ninguém avisou pra ele que os anos 70 já se acabaram?*

2 l'avoir dans le baba loc., fam.
DANÇAR LEGAL/BONITO, FICAR A VER NAVIOS

—*Je croyais que j'allais toucher les 400 euros de prime, mais je **l'ai eu dans le baba**.* • *Eu achava que ia receber os 400 euros de bonificação, mas dancei legal.*

3 être baba loc.
ESTAR ABOBADO, ABESTALHADO

babtou subs. m., gír., inversão (toubab)
BRANCO, DE APARÊNCIA EUROPEIA

—*Bien sûr que tu t'es fait remarquer, t'étais le seul **babtou** dans cette soirée africaine.* • *Claro que você chamou atenção. Você era o único branco da festa africana.*

bad-triper v., do ing.
FICAR MAL, BAIXO ASTRAL, DEPRÊ

—*Après 15 jours aux Seychelles, penser que demain je retourne au taf, ça me fait **bad-triper**.* • *Depois de 15 dias nas Seychelles, só de pensar que amanhã eu volto pro trampo/batente, fico deprê.*

baffer v., fam.
DAR UMA BIFA, UM SOPAPO, UMA PORRADA

—*T'es un vrai con, tu mérites que je te **baffe**.* • *Você é mesmo um filho da puta, eu devia te dar uma porrada.*

bafouille subs. f., gír.
1 CARTA
Palavra que voltou a ficar na moda por causa do cantor Renaud e sua música "Déserteur", nova versão de "Le déserteur", de Boris Vian.

—*Monsieur le Président, je vous fais une **bafouille**.* • *Senhor presidente, escrevo-lhe uma carta.*

2 DISCURSO

—*Pour le mariage de ma soeur, il a fallu que je torche une **bafouille**.* • No casamento de minha irmã eu tive que rabiscar um discurso.

bagnole *subs.. f., gír..*
CARRO, MÁQUINA

—*Putain, la **bagnole** que tu t'es achetée, on dirait K2000!* • Caralho, você comprou um carrão, parece a Super-Máquina! (enlatado americano).

bahut *subs. m., gír.*
ESCOLA/COLÉGIO

—*Les profs du **bahut**, ils me les cassent, je vais me tirer.* • Os professores da escola me enchem o saco, vou cair fora de lá.

bail (faire un) *loc., fam.*
FAZER SÉCULOS, UMA DÉCADA

—*Oh là là, ça **faisait un bail** qu'on s'était pas vus ! Je t'avais pas reconnu !* • Nossa, faz uma década que a gente não se vê! Eu não tinha te reconhecido!

baise *subs. f., vulg.*
1 TREPADA

—*La **baise** et la fumette, y'a que ça qui l'intéresse.* • Uma trepada e fumar maconha, você só pensa nisso.

2 être de la baise *loc., vulg.*
SACANAGEM! FERRAR-SE/ FODER-SE, DANÇAR

—*La nouvelle table entre pas dans le salon, mais je l'ai déjà vernie et je peux plus la rendre. **J'suis de la baise**.* • A nova mesa não cabe na sala, mas já passei verniz nela e não posso mais devolvê-la. Me ferrei!

baiser *v., vulg.*
1 TRANSAR, FODER, TREPAR

—*Ils **ont baisé** toute la nuit comme des bêtes.* • Transaram a noite toda como loucos.

2 FERRAR COM ALGUÉM, SACANEAR ALGUÉM

—*Il croyait qu'il allait m'avoir, mais je l'**ai baisé** avant.* • Ele achava que ia me ferrar, mas eu ferrei com ele antes.

3 se faire baiser, être baisé *loc.*
SACANEAR, FERRAR

—*Il **s'est fait baiser** par son propre associé.* • O próprio sócio ferrou com ele.

balance *subs. f., gír.*
1 DEDO-DURO, CAGUETE, INFORMANTE, DELATOR
Balance é utilizado normalmente entre ladrões, policiais...

2 balancer *v., fam., gír.*
a DEDURAR, ALCAGUETAR

—*Le dealer **a été balancé** par sa propre femme!* • O traficante foi dedurado por sua própria mulher.

b SOLTAR, PÔR

—*On est tous là, que la fête commence, **balance** la zique !* • *Todo mundo chegou, pode começar a festa, som na caixa/solta o som!*

balcon *subs. m.*
Il y a du monde au balcon ! *loc., fam.*
BAITA PEITÃO, UMAS TETAS ENORMES!

balèze *adj., subs., fam.*
Também **balaise**, **balès**.
1 MUSCULOSO/A, SARADO/A

—*Bien sûr qu'il est **balèze**, il passe sa vie au gymnase.* • *Só pode ser sarado, ele "mora" na academia.*

2 SER UM EXPERT/CRAQUE EM ALGO

—*Marion, elle est **balèze** en physique.* • *Marion é craque em física.*

baliser *v., fam.*
TER MEDO

—*J'ai **balisé** pendant l'atterrissage.* • *Tive medo durante a aterrissagem.*

balle (c'est de la) *loc., fam.*
GENIAL, O MÁXIMO
Também **c'est de la bombe**.
Expressão muito usada entre os adolescentes.

— *J'ai gagné deux entrées pour le concert de Diam's. Tu viens avec moi ?* // *Bien sûr ! **C'est de la balle!*** • *Quer ir comigo?* // *Lógico! Vai ser o máximo!*

balloches *subs.. f. pl.*
COLHÕES, SACO

ballot *adj., subs. m., fam.*
Palavra antiga que voltou a ficar na moda.
1 IDIOTA

—*Tu veux faire quoi d'autre, **ballot** ?* • *O que mais você quer fazer, idiota?*

2 QUE PENA

—*Je suis passée chez toi mais t'étais pas là, alors j'ai pas pu te rendre ton argent. C'est **ballot**.* • *Passei na sua casa, mas você não estava e não pude devolver seu dinheiro. Que pena!*

balourder *v., g.*
JOGAR (FORA)

bamboula
1 *subs.. m., fam. depr..* PRETOS

—*C'est le mec le plus raciste que je connaisse. Il dit tout le temps les **bamboulas** pour parler des renois.* • *É o cara mais racista que conheço. Sempre chama os negros de macacos.*

2 *subs.. f., fam., ant.* ZONA, FESTA, BAGUNÇA

—*Les voisins ont fait la **bamboula** toute la nuit. Ils me fatiguent !* •

Os vizinhos fizeram a maior zona a noite toda. Não aguento mais!

banane (la) loc., fam.
SORRISO (DE ORELHA A ORELHA)

—*Nacira a des galères mais elle garde **la banane**.* • *Nacira tá cheia de problemas, mas não perde o sorriso.*

se bananer v. prnl., fam.
ESTRAGAR TUDO, SE DAR MAL

—*J'me suis **banané** à l'examen hier. Si ça continue, je vais redoubler.* • *Me dei mal na prova de ontem. Se continuar assim, vou repetir.*

bandant/e adj., gír., vulg.
1 SER UM TESÃO

—*Fernand, il est **bandant**, il ressemble trop à Orlando Bloom.* • *O Fernando é um tesão, é a cara do Orlando Bloom.*

2 pas bandant/e
NÃO SER GRANDE COISA/INTERESSANTE

—*Son nouveau projet n'est **pas bandant**.* • *Seu novo projeto não é lá grande coisa.*

bande subs., f.
faire bande à part loc., fam.
SEPARAR-SE

—*Après leur dispute, il a décidé de **faire bande à part** et de ne s'intéresser qu'à lui.* • *Depois da briga, ele decidiu se separar e só pensar nele mesmo.*

bander v., gír.
FICAR EXCITADO, DE PAU DURO

—*S'il ne peut pas **bander**, il devrait consulter un urologue.* • *Se ele não consegue ficar de pau duro, deveria procurar um urologista.*

banlieusard/e adj., subs.., fam.
SUBURBANO, DA PERIFERIA

—*J'suis pas parisienne, j'suis **banlieusarde**.* • *Não sou de Paris, sou da periferia.*

banquer v., fam.
SOLTAR (grana), LIBERAR

—*Il a **banqué** un max de thunes pour son divorce.* • *Ele teve que liberar muita grana pra se divorciar.*

baraka subs. f.
avoir la baraka loc., fam., do ár.
TER SORTE
(quase sempre em apostas a dinheiro)

—*Hier au poker, il **a eu la baraka**, il a gagné 3 000 euros.* • *Ontem ele teve muita sorte no pôquer, ganhou 3 000 euros.*

> O contrário de **avoir la baraka** é **avoir la scoumoune**.

baraqué/e *adj., fam.*
GRANDALHÃO, TRONCUDO, MUSCULOSO, FORTÃO, SARADO

—*Tous ses cousins sont bien **baraqués**. Ils pourraient former une équipe de rugby.* • *Todos os seus primos são grandalhões. Poderiam formar um time de rugby.*

baratin *subs. m., fam.*
1 BLÁ-BLÁ-BLÁ, CONVERSA FIADA, PAPO

—*Arrête ton **baratin**, personne te croit.* • *Deixa de papo, ninguém te dá bola.*

2 baratiner *v., fam.*

a ENROLAR

—*Quand il a commencé à **baratiner**, je l'ai arrêté tout de suite, c'était pas crédible.* • *Quando começou a enrolar, cortei na hora. Não dava para acreditar.*

b PAQUERAR, CONQUISTAR, CONVENCER, ENROLAR, MANDAR UM SETE UM

—*Dès qu'il rencontre une fille, il essaie de la **baratiner**.* • *Toda vez que conhece uma garota, manda ver no um sete um.*

3 baratineur/euse *subs., fam.*
AQUELE QUE ENROLA OS OUTROS, UM SETE UM

—*Je parle toujours franchement, j'suis pas un **baratineur**.* • *Sempre falo sinceramente, não fico enrolando os outros.*

barbaque *subs. f., gír.*
CARNE

—*Le boucher du marché, il a de la belle **barbaque**.* • *O açougueiro do mercado/da feira tem carne boa.*

barber *v., fam.*
Também **bébar** (inversão).

1 AFANAR, ROUBAR, FURTAR

—*Il a encore **barbé** un portable, il est complètement clepto.* • *Já afanou outro celular. É um cleptomaníaco de carteirinha.*

2 ENCHER O SACO DIZENDO ALGUMA COISA

—*Qu'on arrête de nous **barber**! Ça fait des années qu'ils savaient qu'il fallait fermer la centrale nucléaire.* • *Chega de nos encher o saco com as mesmas histórias! Já faz um tempão que eles sabiam que a central nuclear deveria ser fechada.*

3 barber qqn
SER CHATO/ UM SACO

—*Les cours de géo, ça **me barbe**.* • *As aulas de geografia são um saco.*

barda *subs. m., gír., do ár.*
ZONA, BAGUNÇA
Barda, lit. "trouxa", expressa desordem de roupa, mala...

—*T'as vu le **barda** dans ta chambre ? On voit même pas le plancher.* • *Você viu a zona que tá o seu quarto? Não dá nem pra ver o chão.*

barder v., fam.
A COISA VAI ESQUENTAR, A BRIGA VAI COMEÇAR

—S'il continue à pas étudier, ça va **barder**! • Se ele não começar a estudar, a coisa vai esquentar!

barjo adj., subs. m. e f., fam.
Também **barge**.
LOUCO/A, PIRADO/A

—Elle est **barjo** cette nana. Elle parle avec les mannequins de la vitrine. • Essa mina é pirada. Fala até com os manequins da vitrina.

barouf subs. m., fam.
BARULHO, ZONA, BAGUNÇA

—Avec leur **barouf**, j'ai pas pu étudier. • Com a zona que eles fizeram, não consegui estudar.

barre (avoir un coup de) loc., fam.
PESCAR (de cansaço/sono)

—J'ai un gros **coup de barre**, je vais aller me coucher. • Tô aqui pescando, vou dormir.

barré
1 être bien barré loc., fam.
ESTAR PREPARADO/PRONTO, BONS PRESSÁGIOS

—Il **est bien barré** pour réussir le tour du monde. • Ele está preparado pra dar a volta ao mundo.

2 être mal barré loc., fam.
COMEÇAR MAL, MAUS PRESSÁGIOS (iron.)

—Le vol est annulé. C'**est mal barré** pour les vacances en Egypte. • Cancelaram o voo. As férias no Egito começaram bem…

se barrer v., fam.
CAIR FORA, IR NESSA, IR EMBORA

—Trop sympa, ton copain, il **s'est barré** sans prévenir. • Que simpático seu amigo, caiu fora sem avisar.

barrette (de shit) subs. f., fam.
HAXIXE

—Tu sais qui pourrait me vendre une **barrette** ? J'ai plus de shit. • Você sabe quem poderia me vender uma barrinha de haxixe? A minha acabou.

baskets subs. f. pl.
1 être bien dans ses baskets loc., fam.
ESTAR FELIZ/SATISFEITO CONSIGO MESMO

—Léa, c'est une meuf très équilibrée, elle **est bien dans ses baskets**. • Lea é uma garota muito equilibrada, ela está feliz consigo mesma.

2 lâcher les baskets loc., fam.
DEIXAR EM PAZ, LARGAR DO PÉ

—Je t'ai dit d'arrêter. **Lâche-moi**

les baskets! • *Eu já falei pra você parar! Larga do meu pé!*

bassiner *v., fam.*
ENCHER O SACO, ENCHER A PACIÊNCIA

—*Il nous **bassine** avec son divorce, il ne parle de rien d'autre.* • *Ele enche o saco da gente com a história do divórcio dele. Só fala nisso.*

basta! *excl., do it.*
ZÉ FINI, SE ACABOU, JÁ É O SUFICIENTE, JÁ ERA

—*Je repars plus avec eux en vacances. **Basta!*** • *Nunca mais saio de férias com eles. Já era!*

baston *subs. f., gír.*
BRIGA

—*Des skins sont arrivés au milieu du concert et y'a eu une **baston**.* • *Começou a maior briga em pleno show, quando chegaram os skins.*

bastos *subs. f., fam.*
O **s** final de **bastos** é pronunciado.
BALA, CHUMBO

—*Il s'est pris une **bastos** en pleine tronche pendant la fusillade.* • *Ele levou chumbo no meio da cara durante o tiroteio.*

baver (en) *loc. v., fam.*
COMER O PÃO QUE O DIABO AMASSOU

—*J'en ai **bavé** pour finir ma thèse.* • *Comi o pão que o diabo amassou pra terminar minha tese.*

bazar *subs. m., fam.*
1 DESORDEM, ZONA, BAGUNÇA

—*T'as vu le **bazar** dans sa chambre ?* • *Você viu que zona tá o quarto dele?*

2 LIXO, PORCARIAS, TRALHAS

—*Enlève tout ton **bazar** de la table, on va dîner.* • *Tire suas tralhas da mesa, nós vamos jantar.*

bazarder *v., fam.*
LIVRAR-SE DE ALGO INÚTIL, DESFAZER-SE DE ALGO

—*J'ai **bazardé** mes vieilles chaussures.* • *Me livrei dos meus sapatos velhos.*

beauf *subs. m., fam., abrev.* (beau-frère)
1 CUNHADO

—*Mon **beauf**, c'est un flic.* • *Meu cunhado é tira.*

2 BRONCO, POBRETÃO

—*On dirait un **beauf** avec ce survêt.* • *Ele parece um pobretão com esse moletom.*

bebon subs. f., verlan
(bombe)
Também **beubon**.
LINDONA/GOSTOSA

—*C'est une **bebon**, cette meuf! Elle pourrait être mannequin.* • *Essa garota é muito gostosa! Podia ser modelo.*

bécane subs. f., fam.
1 MAGRELA, bicicleta, moto

—*Tu me prêtes ta **bécane**? Ma bagnole est en panne.* • *Você me empresta sua moto? Meu carro quebrou.*

2 COMPUTADOR

—*T'as quel système opératif dans ta **bécane**?* • *Que sistema operacional tem seu computador?*

becqueter v., gír.
COMER, RANGAR

—*Tu veux **becqueter** chez moi?* • *Quer rangar em minha casa?*

bedaine subs. f., fam.
BARRIGA, PANÇA

—*Tu commences à avoir de la **bedaine**, faut faire du sport.* • *Você está começando a ficar com barriga. Tem que começar a malhar.*

bédave, bédaver v.
FUMAR BASEADO
Pode-se conjugar o verbo **bédaver** (menos frequente) ou utilizar bédave sem conjugar.

—*Ses parents étaient hippies, il a commencé à **bédave** avec eux.* • *Os pais dele eram hippies, e ele começou a fumar baseado com eles.*

bédo subs. m.
BASEADO, MACONHA

—*Fais tourner le **bédo**, c'est pas un micro.* • *Bota o baseado na roda, que é de todo mundo.*

beflan, béflan v., inversão
(flamber)
GASTAR DINHEIRO/BOTAR BANCA

—*Il aime pas vraiment les bagnoles, il l'a achetée juste pour pouvoir **béflan** devant les meufs.* • *Na verdade ele não gosta de carros. Só comprou esse pra botar banca com as minas.*

begèr, bégèr v., verlan
(gerber)
O **r** de **begèr** ou **bégèr** é pronunciado.
VOMITAR

—*Elle était tellement bourrée qu'elle a **begèr** sur ses baskets.* • *Ela estava tão bêbada que vomitou nos próprios tênis.*

beigne subs. f., fam.
PORRADA, SOPAPO

—*Il était furax, il m'a filé une **beigne**, il m'a cassé une dent.* • *Ele estava tão puto da vida que me deu uma porrada e me quebrou um dente.*

belette subs. f., fam.
GAROTA, MENINA

—*Son père est un vieux cochon, il passe ses aprèms à mater les **belettes** qui sortent du bahut.* • *O pai dele é um velho sem-vergonha; ele fica a tarde inteira espiando as menininhas saindo do colégio.*

bénef subs. m., abrev.
(bénéfice)
LUCRO, BENEFÍCIO

—*Il m'a donné son ordi, je l'ai revendu, c'est tout **bénef**.* • *Ele me deu o computador dele e eu o vendi: fiquei no lucro.*

berges subs. f. pl., fam.
ANOS

—*Il vient d'avoir 40 **berges**.* • *Acabou de completar 40 anos.*

berzingue (à tout / à toute) loc., fam.
A TODO GÁS, A MIL POR HORA

—*Il roulait **à toute berzingue** sur l'autoroute et il s'est fait flasher.* • *Ele ia a todo gás pela autoestrada e foi pego por um radar.*

bête subs. f., fam.
UMA FERA, O MÁXIMO

—*Mon frère est une **bête** en informatique.* • *Meu irmão é uma fera em informática.*

béton v., inversão
(tomber)
1 CAIR

—*Le cureton est **béton** en montant les marches de l'église et il s'est cassé les chicots.* • *O padre caiu subindo a escada da igreja e quebrou alguns dentes.*

2 laisse béton loc., inversão
(laisse tomber)
Também **laisse bet**.
DEIXA PRA LÁ

—*J'avais pas envie de discuter avec lui, je lui ai dit **"laisse béton"**.* • *Eu não estava a fim de falar com ele e disse "deixa pra lá".*

beu, beuh subs. f., fam.
MACONHA

—*L'odeur de la **beu** a attiré les flics, on a tèje notre pétard.* • *O cheiro da maconha chamou a atenção dos tiras e a gente jogou fora o baseado.*

beur/ette subs., fam.
JOVEM NASCIDO NA FRANÇA DE ORIGEM ÁRABE DA ÁFRICA DO NORTE

—*C'est une **beurette**, Rachida : elle est née à Paris et ses parents sont de Casablanca.* • *Rachida é francesa de origem magrebina: nasceu em Paris e seus pais são de Casablanca.*

> O TERMO **BEUR** APARECEU NOS ANOS 80, QUANDO FOI INCORPORADA A LINGUAGEM DOS POLÍTICOS E DOS MEIOS DE COMUNICAÇÃO. OS JOVENS DEIXARAM DE USÁ-LO E O SUBSTITUÍRAM POR **REBEU**, QUE É O VERLAN DE **BEUR**.

beurré/e *adj., fam.*
BÊBADO

—*Elle est arrivée complètement **beurrée** au bureau.* • *Ela chegou no escritório completamente bêbada.*

bibine *subs. f., fam.*
BREJA (mas se refere à cerveja de má qualidade)

bide *subs. m., fam.*
1 PANÇA, BARRIGA

—*J'ai mal au **bide**, je dois avoir une gastro.* • *Tô com dor de barriga; deve ser gastroenterite.*

2 FIASCO, FRACASSO

—*Le dernier concert de Julio Iglesias a fait un **bide**, les spectateurs sont partis à la deuxième chanson.* • *O último show de Julio Iglesias foi um fiasco; o público foi embora na segunda música.*

bidon *adj., subs. m., fam.*
1 PANCINHA, BARRIGUINHA

Bidon como tradução de barriga é utilizado no sentido carinhoso.

—*Dès sa naissance, mon bébé avait un petit **bidon**, j'avais du mal à attacher ses couches.* • *Desde que nasceu, meu filho tem barriguinha; era difícil fechar as fraldas.*

2 FALSO, ARRANJADO

—*Les élections étaient **bidon**, ils ont dû revoter.* • *As eleições foram arranjadas e eles tiveram que votar novamente.*

3 MENTIRA, BOBAGEM, ENGANO

—*Ce qu'il nous a dit sur l'augmentation de salaire, c'est du **bidon**, le patron n'acceptera jamais.* • *O que nos disseram sobre o aumento de salário é uma bobagem; o chefe jamais aceitará.*

4 se bidonner *v., fam.*
MORRER DE RIR

—*Avec ses sales blagues, on s'est **bidonnés** toute la soirée.* • *A gente morreu de rir com as suas piadas de mau gosto.*

bidouiller *v., fam.*
ARRANJAR, DAR UM JEITO

—*Comme il n'avait pas de pognon*

*pour faire réparer la voiture, il l'a **bidouillée** comme il a pu.* • *Já que não tinha grana pra levar o carro no mecânico, deu um jeito como pôde.*

bidule *subs. m., fam.*

1 FULANO, CICRANO, UM CARA

—*J'ai lu le livre de… **bidule**, comment il s'appelle, déjà ?* • *Li o livro de… fulano. Qual é o nome dele mesmo?*

2 NEGÓCIO, TROÇO, COISA

—*Passe-moi ce **bidule**-là sur la table.* • *Pode me passar essa coisa em cima da mesa?*

bigleux/euse *adj., fam. despect.*

CEGUETA

—*T'es **bigleux** ou quoi?! C'est là, juste sous ton nez !* • *Cegueta! Tá aí diante do seu nariz!*

bigophoner *v., fam.*

DAR UM TOQUE, AVISAR (sempre por telefone – **le bigophone**)

—*Tu me **bigophones** quand t'as des news ?* • *Me dá um toque quando tiver notícia?*

se biler *v., loc., fam.*

FICAR BRAVO, NERVOSO
Também **se faire de la bile**.

—*Te fais pas de bile, tout se passera bien.* • *Não fica bravo, tudo vai dar certo.*

bille *subs. f., fam.*

ZERO À ESQUERDA, ZÉ-MANÉ

—*Quelle **bille**! Il a pas vu que le contrôleur arrivait, il va pas pouvoir s'échapper.* • *Que Zé-Mané! Ele não viu que o cobrador estava chegando e não vai conseguir escapar.*

bin's *subs. m., fam*

BAGUNÇA, ZONA, CENA

—*La mariée s'est cassée au milieu de la cérémonie. T'aurais vu le **bin's**!* • *A noiva foi embora no meio da cerimônia. Se você tivesse visto a cena!*

> A EXPRESSÃO "QU'EST-CE QUE C'EST QUE CE BIN'S (QUE ZONA É ESSA?)" VOLTOU A FICAR NA MODA COM O FILME "LES VISITEURS".

bite *subs. f., vulg.*

PINTO, PÊNIS

—*J'ai la **bite** qui me gratte, je dois avoir des morbacs.* • *Meu pinto tá coçando; acho que tô com chato.*

> Há muitas categorias de sinônimos para pênis: infantis, coloquiais ou gírias. L'asperge, le bazar, la bébête, la bite, la biroute, la bistouquette, le chibre, le dard, le manche à balai, la pine, le petit Jésus, le petit oiseau, le poireau, Popol, la queue, la quéquette,

la saucisse, la teub, le cigare à moustache, la zigounette, le zizi, le zob, le zgueg...

biture subs. f., fam.
MANGUACEIRA, PORRE, BEBEDEIRA

—*Quelle **biture**! Demain je reste au pieu toute la journée.* • *Que porre! Amanhã vou ficar jogado o dia todo na cama.*

black adj., n., do ing.
POR BAIXO DOS PANOS, SEM NOTA FISCAL, SEM PAGAR IMPOSTOS
Pode se referir aos negros ou simplesmente à cor.

—*Non, il cotise pas à la sécu, il travaille au **black**.* • *Não, ele não paga o seguro social; trabalha por baixo dos panos.*

blaireau/rote subs.
1 IDIOTA, MUITO BOBO

—*Les participants des émissions de télé-réalité, c'est vraiment des **blaireaux**.* • *Os participantes dos reality shows são realmente muito idiotas.*

2 BOBO, INGÊNUO, BESTA

—*Quel **blaireau**, il s'est encore fait arnaquer.* • *Como ele é besta; já foi enganado de novo.*

blairer (ne pas) v., fam.
NÃO SUPORTAR, NÃO AGUENTAR

—*Ce bouffon il fait chier tout le monde, personne peut le **blairer**.* • *Esse babaca enche o saco de todo mundo, não há quem o aguente.*

bled subs. m., fam., do ár.
TERRINHA (usado normalmente pelos magrebinos quando falam dos vilarejos dos pais)

—*Tous les étés, il retourne au **bled** de ses vieux.* • *Todo verão ele volta à terrinha dos seus pais.*

blème subs. m., fam., abrev. (**problème**)
PROBLEMA

—*Qu'est-ce que t'as à me regarder? T'as un **blème**?* • *O que você tá olhando? Algum problema?*

blindé/e adj., fam.
CHEIO DA GRANA, MONTADO NA GRANA

bluff subs. m., do ing. am.
LOROTA

—*Son histoire de séjour en taule, c'est du **bluff**, il y a jamais été.* • *Aquela história do tempo em cana é a maior lorota; ele nunca esteve na prisão.*

bobard subs. m., fam.
MENTIRAS, BOBAGENS

—*Il raconte tellement de **bobards**

que quand il dit la vérité, personne le croit. • *Ele conta tantas mentiras que, quando diz a verdade, ninguém acredita.*

bobo *subs. m., contrac.*
(**bourgeois bohême**)
BURGUÊS, BOÊMIO

—*L'ancien quartier des pêcheurs est devenu un nid de **bobos**.* • *O antigo bairro de pescadores se transformou num ninho de burgueses boêmios.*

> Bobo, contração de *bourgeois bohême*, vem do inglês bohemian bourgeois, termo acunhado pelo jornalista americano David Brooks em 2000. Refere-se a uma geração que, criada na prosperidade e com uma boa educação, tenta fazer a junção do mundo da boemia criativa com o mundo burguês, em que impera a ambição e a conquista material. Representam uma mistura entre os hippies dos anos 1970 e os yuppies dos 1980. Geralmente pessoas bem-sucedidas ou intelectuais com tendências políticas de esquerda.

bol *subs. m., fam.*
SORTE

—*J'ai du **bol**, j'ai trouvé 50 euros dans la rue.* • *Que sorte a minha; encontrei 50 euros na rua.*

bon app *loc., fam., abrev.*
(**bon appétit**)
BOM APETITE

—***Bon app** tout le monde!* • *Bom apetite pra todos!*

bonbec *subs. m., fam.*
GULOSEIMAS, PORCARIAS

—*J'adore les **bonbecs**, mais ça m'a pourri les dents.* • *Adoro comer porcarias, mas elas acabaram com meus dentes.*

bonbon *adv., fam.*
CARO, GRANA, NOTA
(muito dinheiro)

—*Elle coûte **bonbon** cette bagnole. Avec ton salaire, tu peux pas te l'acheter.* • *Esse carro custa uma nota. Com o seu salário, você não pode comprar um.*

bonnasse *subs. f., fam.*
1 GATA, AVIÃO (mulher atraente)

—*T'as vu le corps qu'elle a? C'est une **bonnasse**!* • *Você viu o corpo dela? É um avião!*

2 GOSTOSO/A

bordel *subs. m., vulg.*
1 POXA VIDA, CARAMBA, PORRA, CACETE

—*Mais **bordel**, arrête tes conneries! À ton âge, tu pourrais être* *responsable! • Chega de babaquices, cacete! Com a idade que você tem, já deveria ser responsável.*

2 ZONA, BAGUNÇA

—*Quel **bordel**! Depuis que c'est la crise, les spéculateurs de tout poil, ils chient tous dans leur froc. • Que bagunça! Desde que começou a crise, os especuladores de todo tipo estão se cagando de medo.*

3 BORDEL, PROSTÍBULO

4 bordélique *adj., fam.*
CAÓTICO, DESORGANIZADO

—*T'es trop **bordélique**! On peut pas mettre un pied devant l'autre dans ta chambre! • Você é muito desorganizado! Não dá nem pra andar no seu quarto!*

borne *subs. f., fam.*
1 QUILÔMETRO

—*Il est à combien de **bornes** d'ici, ton bled ? • A quantos quilômetros daqui fica seu vilarejo/buraco?*

2 dépasser les bornes *loc.*
PASSAR DOS LIMITES

—*Il a dépassé les **bornes**: voler, c'est une chose, mais séquestrer quelqu'un, c'en est une autre. • Ele passou dos limites: uma coisa é roubar, mas outra é sequestrar alguém.*

boucan *subs. m., fam.*
BARULHO, CONFUSÃO, ZONA

—*Arrête ton **boucan**, je peux pas me concentrer. • Chega dessa zona; eu não consigo me concentrar.*

bouché/e *adj., fam.*
1 IDIOTA, TONTO, CABEÇA-DURA

—*Tu comprends rien, t'es **bouché** ou quoi ? • Você não entende nada; é idiota ou o quê?*

2 SURDO/A

—*Ça fait trois fois que je t'appelle. T'es **bouché** ou quoi ? • Eu já te chamei três vezes. Você está surdo ou o quê?*

boucler (la) *v., fam.*
CALAR A BOCA

—*Tu **la boucles**, je veux plus t'entendre ! • Cala a boca, não quero te ouvir mais!*

bouffe *subs. f., fam.*
1 RANGO, COMIDA

—*Y'a trop de **bouffe**, on va exploser ! • Tem rango demais, a gente vai explodir!*

2 bouffer *v., fam.*
RANGAR, ENCHER A PANÇA

bouffon/ne *adj., fam.*
PALHAÇO, IDIOTA

—*Regarde-moi ce **bouffon**, il est toujours en train de lécher les bottes des profs. • Olha só esse palhaço, sempre puxando o saco dos professores.*

bouger v., fam.
1 IR EMBORA, DAR NO PÉ, DAR O FORA, SE MANDAR

—*Alors, j'**ai bougé**. J'ai dû m'en aller, partir, bifurquer.* (Fragmento de uma música de MC Solaar) • Então fui embora. Tive que dar no pé, dar o fora, me mandar.

2 **bouger son cul** loc., fam.
TIRAR A BUNDA DA CADEIRA, CORRER ATRÁS

—*S'il veut trouver du boulot, faut qu'il **bouge son cul**.* • Se ele quiser encontrar emprego, tem que correr atrás.

bougnoul subs. m., fam., depr.
MAGREBINOS E/OU NEGROS

—*Négros et **bougnoules**, on est tous solidaires.* (Fragmento de uma música de Sniper) • Negros e magrebinos, somos todos solidários.

boule subs. m., vulg.
BUNDA, TRASEIRO

—*T'es bien roulé dans ton p'tit jean (…) j'aime trop ton **boule**.* (Fragmento de uma música de Fatal Bazooka) • Você tá gostosa com esse jeans (…) adoro seu traseiro.

bouler (envoyer) loc., fam.
MANDAR PASSEAR/PASTAR, MANDAR PLANTAR BATATA

—*La meuf du bar, elle m'a envoyé bouler quand j'lui ai demandé son numéro.* • A mulher do bar me mandou pastar quando pedi o telefone dela.

boules subs. f. pl., fam.
1 COLHÕES

2 **avoir les boules, choper les boules** loc.

a ESTAR COM MEDO, APAVORADO, AMEDRONTADO

—*J'ai engueulé mon p'tit frère et il a fait une fugue. J'ai les boules.* • Dei uma bronca no meu irmãozinho e ele fugiu. Tô apavorado.

b ESTAR DEPRÊ, DE BAIXO ASTRAL

—*Depuis que son toutou a clamsé, mamie **a les boules**.* • Desde que o cachorro dela bateu as botas, a vovó tá deprê.

3 **foutre les boules** loc.
FICAR COM MEDO, ASSUSTAR-SE, APAVORAR-SE

—*Il m'**a foutu les boules** quand il m'a dit que j'allais être renvoyé.* • Ele me apavorou desde que me disse que eu ia ser despedido.

boulette subs. f., fam.
1 MANCADA, PISADA NA BOLA

—*Gaston a dit au patron que David avait la gueule de bois alors que David venait d'appeler pour dire qu'il avait la grippe. La **boulette** !* • Gaston falou pro chefe que o

David estava de ressaca, e ele ligou pra dizer que estava gripado. Maior pisada de bola!

boulot *subs. m., fam.*
TRAMPO, TRABALHO, BATENTE

bounty ®, *subs. m., arg.*
negro/a "COMPLEXADO/A"
Negro que quer parecer branco ou dá a impressão de ter vergonha de suas origens africanas.

—*Michael Jackson c'est le **bounty** le plus connu.* • *Michael Jackson é o negro mais famoso que quer parecer branco.*

bourge *subs., fam., depr., abrev.*
(bourgeois)
MAURICINHO, PATRICINHA, BURGUÊS, BURGUESA

bourre
1 être à la bourre *loc., fam.*
TER PRESSA, APRESSADO

—*Là, je peux plus rester, j'suis à la **bourre**, je vais rater mon bus.* • *Eu não posso ficar mais, porque estou com pressa; vou perder o ônibus.*

2 se bourrer la gueule *v., fam.*
ENCHER A CARA, TOMAR UM PORRE

—*Comme on pouvait picoler à volonté, je **me suis bourré la gueule** au whisky.* • *Como era open bar, eu enchi a cara de uísque.*

bouseux/euse *subs., depr., fam.*
CAIPIRA

—*Il n'a jamais vu un escalator, ce **bouseux**.* • *Esse caipira nunca viu uma escada rolante.*

bousiller *v., fam.*
DESTROÇAR, DESTRUIR, ACABAR COM

—*Il s'est assis sur mes lunettes et il les a **bousillées**.* • *Ele sentou em cima dos meus óculos e acabou com eles.*

branler *v., vulg.*
1 branlée *subs. f., vulg.*
SURRA

—*Ils lui ont foutu une **branlée** quand ils ont su qu'il leur avait volé la marchandise.* • *Deram uma surra nele quando descobriram que ele tinha roubado a mercadoria.*

2 branleur/euse *subs., vulg.*
FOLGADO/A

—*C'est un petit **branleur**, un bon à rien qui ne bosse pas et n'a aucun centre d'intérêt.* • *É um folgado, um inútil que não tem trabalho nem nenhum objetivo.*

3 ne rien branler
FICAR DE PAPO PRO AR

—*Albert a pas avancé sur le dossier. Il **a rien branlé** de la matinée.* • *Albert não avançou nada no dossiê. Ficou de papo pro ar a manhã inteira.*

4 se branler
BATER PUNHETA

—*Il passe sa journée à **se branler** en regardant des films pornos.* • *Ele fica o dia inteiro batendo punheta assistindo a filmes pornô.*

5 s'en branler
NÃO IMPORTAR, NÃO ESTAR NEM AÍ, ESTAR SE LIXANDO

—*Je **m'en branle** que ta mère nous ait vus en train de niquer.* • *Estou pouco me lixando que sua mãe viu a gente trepando.*

brioche *subs. f., fam.*
BARRIGA, PANÇA

—*C'est pas en mangeant des frites que tu vas perdre ta **brioche**.* • *Não é comendo batatas fritas que você vai perder essa pança.*

bronze *subs. m.*
couler un bronze *loc., vulg.*
CAGAR

—*Il **coule** toujours **un bronze** après son café et sa clope.* • *Ele sempre vai cagar depois do café e do cigarro.*

brouettes (et des)
loc., fam.
POUCO

—*Il a voulu battre son record mais finalement il a fait le marathon en trois heures **et des brouettes**.* • *Ele quis bater o recorde, mas acabou terminando a maratona em três horas e pouco.*

brouter à qqn (les)
loc., vulg.
ENCHER O SACO, TORRAR A PACIÊNCIA (de alguém)

—*Le voisin, il commence **à nous les brouter** avec sa techno.* • *O vizinho já tá enchendo o saco da gente com essa música tecno.*

buter *v., gir.*
MATAR, DAR FIM, ELIMINAR

—*À la fin du film, ils **butent** tout le monde.* • *No final do filme, dão fim em todo mundo.*

LES HISTOIRES ROMANTIQUES COMME CELLE DE "TITANIC" SONT VRAIMENT CUCUL LA PRALINE. AS HISTÓRIAS ROMÂNTICAS COMO AS DE "TITANIC" SÃO REALMENTE MUITO BREGAS.

C em torpedos e e-mails, *abrev.*
(c'est, ce)
—*C OK pr c soir ?* • *Pd ser st noite?*

cabane *subs. f., gír.*
1 XADREZ, PRISÃO, ATRÁS DAS GRADES, EM CANA, XILINDRÓ
—*Après le coup, il a passé cinq ans en cabane.* • *Depois do golpe, ele ficou cinco anos em cana.*

2 CASA

cacheton *subs. m., gír.*
COMPRIMIDOS
—*Il a essayé de se suicider en avalant des cachetons.* • *Ele tentou se suicidar com uns comprimidos.*

cafard *subs. m., fam.*
DEPRÊ, BAIXO ASTRAL
—*Il a le cafard depuis que sa meuf l'a laissé tomber.* • *Ele tá deprê desde que a namorada deu o fora nele.*

cafet *subs. f., abrev.*
(cafétéria)
Também **cafèt** e **cafète**. O **t** final é pronunciado.
CAFETERIA, BAR

cageot *subs. m., fam.*
MONSTRO, MUITO FEIO, CANHÃO
—*Quel cageot, on va jamais la marier.* • *Que canhão; a gente nunca vai conseguir que ela case.*

caille *subs. f., gír.*
GAROTA, MINA
—*Ce gros con ; il croit que toutes les cailles, c'est des putes.* • *Esse babaca acha que tudo que é mina é puta.*

cailler *v., fam.*
FAZER UM BAITA FRIO, GELAR
—*T'as pas de chauffage ou quoi? Ça caille, ici.* • *Você não tem calefação? Tô gelando aqui.*

caillera *subs. f., gír.*
(racaille)
DELINQUENTE, MARGINAL, BANDIDO

—Y'a pas que de la **caillera** en banlieue, y a aussi des gens biens. • Não tem somente marginais na periferia, lá também tem gente direita.

cainfri subs. m. inversão (africain)
NEGRÃO, NEGÃO

—Si tu veux des bananes plantain, va chez les **cainfris**. • Se você quer pau grande, vá procurar um negão.

caisse subs. f., fam.
1 CARRO, CARANGO

—Il s'est fait piquer sa **caisse**, il devra aller au boulot en métro. • Roubaram o carango dele e por isso vai ter que ir pro trampo de metrô.

2 **lâcher une caisse** loc., fam.
SOLTAR UM PUM, UM PEIDO

—Elle a **lâché une caisse** en croyant qu'elle était toute seule et sa chef a explosé de rire. • Ela soltou um pum pensando que estava sozinha e a sua chefe quase morreu de rir.

calbar subs. m., gír.
CUECA

—C'est un gros dégueulasse, il a toujours des **calbars** avec des traces de pneu. • Ele é um porco; sempre tem uma freada na cueca.

> Em francês, há muitos sinônimos para cueca: calbar, calbute, calcif, calfouette, ben, slibar, slibard...

calculer qqn (ne pas) v., fam.
PASSAR RETO POR ALGUÉM, FINGIR QUE NÃO VÊ

—Quand on a vu le relou s'approcher de nous, on l'a **pas calculé**. Personne lui a dit bonjour. • Quando a gente percebeu que aquele chato se aproximava, a gente fingiu que nem viu. Ninguém cumprimentou ele.

calmos interj., fam.
O **s** final é pronunciado.
TRANQUILO, NA BOA, CALMA

—**Calmos**! Laisse-moi me garer. Tu vas pas rater le train. • Calma! Deixa eu estacionar. Você não vai perder o trem.

came subs. f., gír..
1 DROGA, MERDA

2 **camé/e** subs., adj., gír.
DROGADO

—Y'a dix ans, le centre ville était le quartier des **camés**, ils venaient tous se piquer ici. • Há dez anos, o centro era o bairro dos drogados, todos vinham se picar aqui.

3 **se camer** v. prnl., gír.
DROGAR-SE

—Depuis qu'elle travaille, elle a arrêté de **se camer**. • Desde que começou a trabalhar, ela deixou de se drogar.

cancevas *subs. f. pl., inversão* (vacances)
FÉRIAS

—*Cette année, c'est la crise, on par-tira pas en **cancevas**.* • *Por causa da crise nós não vamos sair de férias este ano.*

canne *subs. f., gír.*
1 PATA (perna)

2 canner *v., gír.*
MORRER, BATER AS BOTAS, FOI DESTA PRA MELHOR

—*Elle a **canné**, la vioque d'en face, son cœur a lâché.* • *A velhinha que morava ai na frente bateu as botas; o coração parou.*

3 être canné *loc.*
ESTAR MORTO DE CANSADO, ARREBENTADO

capote *subs. f., fam.*
CAMISINHA, PRESERVATIVO, BORRACHA

—*Il a pas peur des MST, il baise toujours sans **capote**.* • *Ele não tem medo de DSTs, sempre transa sem camisinha.*

capter *v., fam.*
PEGAR, CAPTAR, ENTENDER

—*J'ai rien **capté** au cours de physique.* • *Não entendi lhufas na aula de física.*

carafe (tomber en) *loc., fam.*
QUEBRAR, DEIXAR NA MÃO

—*La voiture **est tombée en carafe**. Je suis rentrée en stop.* • *Meu carro me deixou na mão. Tive que voltar de carona.*

carotter, carotte *v., fam.*
ROUBAR, AFANAR, SURRUPIAR
Pode-se conjugar o verbo **carotter** ou utilizar carotte sem conjugar.

—*Je **me suis fait carotter** mon portable dans le métro.* • *Afanaram meu celular no metrô.*

carrer (n'en avoir rien à) *loc., fam.*
NÃO ESTAR NEM AÍ, NÃO IMPORTAR, NÃO DAR A MÍNIMA

—*Tu peux te suicider, j'**en ai rien à carrer**.* • *Você pode se suicidar, não tô nem aí.*

Carrouf *subs. p., fam., defor.* (Carrefour)
CARREFOUR supermercado

—*Je vais jamais à **Carrouf** le samedi, c'est blindé.* • *Nunca vou ao Carrefour no sábado, porque fica lotado.*

carton (faire un) *loc., fam.*
1 FAZER MUITO SUCESSO

—*Le film "Bienvenue chez les*

ch'tis" **a fait un carton** : 20 millions de spectateurs en trois mois. ● O filme Bienvenue chez les ch'tis fez um baita sucesso: 20 milhões de espectadores em três meses.

2 DISPARAR, ATIRAR

—J'ai eu les boules de voir aux infos des soldats **faire un carton** sur des gosses qui leur jetaient des pierres. ● Fiquei chateada com a notícia sobre os soldados que dispararam nas crianças que jogaram pedras neles.

cartonner *v., fam.*
1 FAZER SUCESSO, SER O MÁXIMO

—"Millenium" a tellement **cartonné** qu'ils en ont fait un film. ● "Millenium" fez tanto sucesso que fizeram um filme.

2 TER UM ACIDENTE, BATER COM

—À cause de la pluie, il **a cartonné** à moto. ● Por causa da chuva ele teve um acidente de moto.

cash *adj., subs., fam., do ing.*
1 DINHEIRO (EM) PAPEL, DINHEIRO (EM) CASH

—T'as du **cash** ou on va tirer de la thune ? ● Você tem dinheiro aí ou temos que sacar?

2 QUE NÃO TEM PAPAS NA LÍNGUA, FALA NA CARA, DIRETO, FRANCO

—Tu verras, Françoise, elle est **cash**. Si ton cadeau lui plaît pas, elle va te le dire tout de suite. ● Você vai ver só; Françoise não tem papas na língua. Se não gostar do presente, vai te dizer na hora.

casquer *v., fam.*
PAGAR, DESEMBOLSAR

—Vu qu'il est orphelin, il doit **casquer** le banquet de son mariage lui-même. ● Como ele é órfão, tem que pagar seu bufê de casamento.

casse-couilles *adj., subs., vulg.*
PENTELHO, MERDA, DROGA, CHATO

—Quel **casse-couilles** celui-là avec sa nouvelle caisse ! ● Como esse cara é pentelho com o carro novo dele!

casser *v., fam.*
1 RIDICULARIZAR, HUMILHAR, DEIXAR COM A CARA NO CHÃO

—Le prof l'**a cassé** devant ses parents, il leur a dit que c'était un glandeur, la honte ! ● O professor o deixou com a cara no chão na frente dos pais; disse que ele era um vagal; que vexame!

2 se casser *v., fam.*
IR EMBORA, DAR O FORA, VAZAR

—**Casse-toi**, tu pues ! (Fragmento de uma música de Renaud) ● Vaza, que cê tá fedendo!

> —*Casse-toi, pauvre con!* • *Vaza, babaca!*
> Famosa frase que Sarkozy disse a um homem que se negou a apertar sua mão no Salão da Agricultura em 2008.

3 casser les couilles *loc., vulg.*
ENCHER O SACO

—*Tu me casses les couilles avec ta musique à la con. Fous tes écouteurs!* • *Você me enche o saco com essa droga de música. Bota os fones!*

casse-gueule *adj., fam.*
PERIGOSO

—*Son projet d'entreprise c'est casse-gueule. Avec la crise, il risque de perdre vachement de fric.* • *O projeto de empresa que ele tem é perigoso. Com a crise, ele pode perder muita grana.*

cassos *interj., arg., fam.*
O **s** final é pronunciado.
FORA, VAZA

—*Je ne veux plus te voir, cassos!* • *Não quero te ver de novo. Vaza!*

cave *subs. m., gír.*
INGÊNUO, BESTA

—*Quel cave, il s'est encore fait arnaquer.* • *Como ele é besta; está sendo enganado de novo.*

céfran *adj., subs., inversão*
(français)
Também **séfran**, **çaifran**.
FRANCÊS (pessoa ou idioma)

—*Il parle pas céfran, il parle que l'argot.* • *Ele não fala francês, só sabe gírias.*

chambrer *v., fam.*
TIRAR SARRO, TIRAR UMA, SACANEAR

—*Arrête de le chambrer sur son gros nez, il va t'casser le tien.* • *Pare de tirar sarro do nariz dele, porque senão ele vai quebrar o seu.*

chanmé *adj., inversão*
(méchant)

1 RUIM, MAL, MALVADO

—*Il est trop chanmé, son frère, même les flics ont peur de lui.* • *Seu irmão é muito malvado; até a polícia tem medo dele.*

2 GENIAL, DA HORA

—*Leur dernier CD c'est trop chanmé, j'arrête pas de l'écouter.* • *O último CD dele é demais, não consigo parar de escutar.*

chapeau bas *loc.*
GENIAL!
Também **chapeau!** (a ideia é a de se curvar tirando o chapéu em forma de respeito)

—*T'es un vrai maître, **chapeau bas!*** • Você é um grande mestre, genial!

char (arrête ton) *loc., fam.*
DEIXAR DE HISTÓRIAS, VIR COM HISTÓRIAS

—***Arrête ton char**, plus personne te croit.* • Não me venha com histórias, ninguém mais acredita em você.

charclo *subs. m., inversão* (clochard, clocharde)
INDIGENTE, MENDIGO

—*C'est toujours le même **charclo** qui dort devant le distributeur de la banque.* • É sempre o mesmo mendigo que dorme na frente do caixa eletrônico.

charlot *subs. m., fam.*
PALHAÇO

—*Le maire, c'est un **charlot**, on peut pas compter sur lui.* • O prefeito é um palhaço, a gente não pode contar com ele.

charrier *v., fam.*
1 TIRAR SARRO, METER-SE COM ALGUÉM, MEXER COM ALGUÉM

—*J'en ai marre que tout le monde me **charrie** à cause de mes boutons, ils m'appellent tronche de pizza.* • Tô de saco cheio porque todo mundo tira sarro de mim; por causa das minhas espinhas, me chamam de choquito.

2 EXTRAPOLAR

—*Arrête de **charrier**, t'exagères comme un Marseillais.* • Não extrapola, você exagera demais.

chatte *subs. f., vulg.*
BOCETA, XOTA, XANA

—*C'est la mode de se raser la **chatte**, mais j'aime pas : quand ça repousse, ça pique.* • Ta na moda depilar a xota, mas eu não gosto: quando crescem os pelos, ficam pinicando.

> DA MESMA FORMA QUE EM TODAS A LÍNGUAS, EM FRANCÊS HÁ MUITOS NOMES PARA SE REFERIR AOS GENITAIS FEMININOS: LA CHATTE, LE MINOU, LA FOUFOUNE, LA MOULE, LA TOUFFE, LA ZÉZETTE, LE BERLINGOT, LA SCHNECK...

chaud *adj., fam.*
1 SER DIFÍCIL, SER FOGO

—*Terminer ce travail aujourd'hui, c'est chaud : il nous reste que deux heures.* • Terminar esse trabalho hoje vai ser fogo: só temos mais duas horas.

2 chaud/e, chaudasse *adj., n., fam.*
QUENTE, FOGOSA, GALINHA, PIRANHA

—*C'est une vraie **chaudasse**, même*

au boulot elle drague tout ce qui porte un slip. • *Ela é uma piranha de mão cheia; até no trabalho dá em cima de qualquer coisa que vista calça ou use cueca.*

chelou *adj., inversão*
(louche)
ESQUISITÃO, ESTRANHO, SUSPEITO

—*Il est **chelou**, ce mec : il parle à personne, il regarde pas les gens dans les yeux.* • *Esse cara é meio esquisitão: não fala com ninguém nem olha ninguém nos olhos.*

chetron *subs. f., inversão*
(tronche)
FOCINHO, CARA

—*Arrête de me chercher, je vais te casser la **chetron**.* • *Para de me encher o saco ou te parto a cara.*

cheum *adj., inversão*
(moche)
Também **chem**, **chemo**, **cheumo**.
FEIO/A

—*Il est **chemo** depuis qu'il est né. Même sa mère, elle l'appelle le vilain petit canard.* • *Ele é feio desde que nasceu. Até a mãe o chama de patinho feio.*

chialer *v., fam.*
CHORAMINGAR, CHORAR

—*Arrête de **chialer**, y'a ton rimmel qui coule.* • *Pare de chorar, tá borrando seu rímel.*

chiant/e *adj., fam., vulg.*
CHATO, PENTELHO, PORRE

—*Elle était **chiante**, cette fête, j'suis parti au bout de cinq minutes.* • *A festa estava um porre; não fiquei nem cinco minutos.*

chiasse *subs. f., fam., vulg.*
CAGANEIRA

—*J'ai bouffé tellement de pruneaux que j'ai chopé la **chiasse**.* • *Comi tanta ameixa que me deu uma caganeira.*

chichon *subs. m., gír.*
HAXIXE

—*Merde, j'ai perdu ma boulette de **chichon**.* • *Droga, perdi minha pedra de haxixe.*

chier *v., fam., vulg.*
1 CAGAR

—*J'en ai marre des gens qui laissent **chier** leurs chiens sur le trottoir, c'est dégueulasse.* • *Tô de saco cheio dessas pessoas que deixam os cachorros cagarem na calçada; é nojento.*

2 chieur/euse *adj., subs., fam., vulg.*
CHATO, PORRE, SACO, PENTELHO

—*Son mec est un **chieur**. Il l'appelle toutes les cinq minutes pour savoir ce qu'elle fait.* • *O cara dela é* *um porre. Liga a cada cinco minutos pra saber o que ela tá fazendo.*

3 ça va chier *loc., fam.*
VAI DAR MERDA, A CASA VAI CAIR

—*Si je rentre pas avant minuit,* ***ça va chier.*** • *Se eu não voltar antes da meia-noite a casa vai cair.*

4 être chié/e *loc., fam.*
CARA DE PAU

—*Putain, il* ***est chié****, lui ! Il double tout le monde.* • *Puta que pariu, que cara de pau. Ele está passando na frente de todo mundo.*

5 faire chier qqn *loc., fam.*
ENCHER O SACO, IRRITAR, PENTELHAR

—*Tu veux arrêter de* ***me faire chier*** *avec tes conneries ?* • *Quer parar de me pentelhar com essas babaquices?* Também é comum a exclamação abreviada **fait chier!**

6 se faire chier *loc., fam.*
SER ENTEDIANTES

—*J'ai dormi pendant "Titanic", je* ***me suis fait trop chier****.* • *Dormi no meio do Titanic, porque ele era muito entediante.*

7 se faire chier à + inf. *loc.*
MATAR-SE (de fazer algo)

—*Je* ***me suis fait chier à*** *cuisiner toute la journée et vous allez au resto. C'est sympa !* • *Eu me matei cozinhando o dia todo e vocês vão a um restaurante. Brigadão, hein…*

chiotte *subs. m. e f., sing. e pl., vulg.*
1 PRIVADA, TRONO

—*Sors des* ***chiottes****, je vais vomir !* • *Sai da privada, que vou vomitar!*

2 de chiotte *loc.*
MERDA, DROGA, HORROROSO, HORRÍVEL

—*Il a un goût de* ***chiotte*** *pour s'habiller, on dirait la reine d'Angleterre.* • *Ele tem um gosto de merda pra se vestir; parece a rainha da Inglaterra.*

> Nos apartamentos e casas da França, a privada não está no banheiro, mas em um pequeno cômodo separado. Esse lugar pode ser chamado de várias formas: les chiottes, les cabinets, les gogs o gogues, les goguenots, le petit coin, le pipi-room…

chômedu *subs. m., fam., defor.*
(chômage)
DESEMPREGADO

—*Il est au* ***chômedu****. Il vient de perdre son taf.* • *Ele tá desempregado. Acaba de perder o trampo.*

choper *v., fam., fig.*
PEGAR

—*Elle* ***s'est fait choper*** *en train de voler dans le supermarché.* • *Pegaram ela roubando no supermercado.*

chouia (un) *loc., fam., do ár.*
UM PINGO, UMA PITADA

—Dans ma recette, je mets qu'**un chouia** de sel. • Em minha receita só coloco uma pitada de sal.

chourer *v., fam., do cigano*
ROUBAR, SURRUPIAR, AFANAR

—Sigfried s'est fait piquer en train de **chourer**. Il savait pas qu'il y avait des caméras au supermarché. • Pegaram o Sigfried roubando. Ele não sabia que havia câmeras no supermercado.

chtar *subs. m., fam.*
1 PANCADA, PORRADA, TOPADA

—T'as vu le **chtar** sur ma bagnole ? Putain, les gens savent pas se garer ! • Você viu a porrada que deram no meu carro? Caralho! As pessoas não sabem estacionar.

2 ESPINHA

—J'vais pas aller en boîte, avec les **chtars** que j'ai sur la gueule. • Não vou à discoteca com essas espinhas na cara.

chtarbé/e *adj., fam.*
PIRADO, LOUCO

cinoche *subs. m., fam.*
1 CINE

—On va au **cinoche** ce soir ? Y a le dernier film de Jean-Pierre Genet. • Vamos pegar um cine hoje à noite? Estão passando o último filme de Jean-Pierre Genet.

2 FRESCURA, HISTÓRIA

—Arrête ton **cinoche**, je t'ai même pas touché. • Para com essa frescura, eu nem relei em você.

cité *subs. f.*
CONDOMÍNIO DE SUBÚRBIO, PERIFERIA BAIXA RENDA

Quando se diz cité ou téci (a gíria equivalente ao nome), é comum referir-se a zonas urbanas ou a grupos maciços de edifícios residenciais. A maioria foi construída nos anos 1960, fora das grandes cidades, e neles vive uma população de baixa renda. Essas zonas costumam carecer de transporte público eficiente e de oportunidades de trabalho. Em certas cités foram desenvolvidos comércios ilegais de vários tipos: drogas, armas... É comum um sentimento de estar "num gueto". O termo ville se opõe ao cité, que pode ter conotação negativa segundo quem o utilize e como o faça.

clacos *subs. m., fam.*
Também **clakos, calendos**.
O **s** final é pronunciado.
QUEIJO CAMEMBERT

clamser *v., vír.*
BATER AS BOTAS, MORRER, IR DESTA PRA MELHOR
Também **clapser**.

—Son reup **a clamsé** quand il était p'tiot. • O pai dele bateu as botas quando ele ainda era criança.

clandé adj., n. m., fam., abrev.
(clandestin)
Também **clando**, **clandos**. O **s** final de **clandos** no singular ou no plural) pode ser pronunciado.
CLANDESTINO

—Tu te souviens des 150 **clandos** qui s'étaient réfugiés à l'église Saint-Ambroise de Paris ? • Você se lembra dos 150 clandestinos que se refugiaram na igreja Saint-Ambroise de Paris?

claquer v., fam.
1 DAR UMA BOFETADA, UMA PORRADA

—S'il recommence à me faire chier, je le **claque**. • Se ele me encher o saco novamente, vou lhe dar uma porrada.

2 GASTAR, EMPREGAR

—Il **a claqué** toute sa thune dans la maison. Il a plus un rond. • Ele gastou toda a grana na casa e agora não tem nem um centavo.

3 SER DEMAIS, GENIAL

—Elle **claque**, la qualité de ton écran. J'aimerais trop avoir un portable comme le tien. • A qualidade do(a) seu(ua) monitor/tela é demais. Eu adoraria ter um celular/notebook como este.

4 claqué/e adj., fam.
ARREBENTADO, ACABADO, MORTO DE CANSADO

—Je **suis claquée**. J'ai un rythme de ouf au boulot. Vivement les vacances ! • Tô acabada. Trampo feito doida. Não vejo a hora de umas férias!

clash subs. m., fam., do ing.
CHOQUE

classe adj., subs. f., fam.
CHIC

—T'as vu la déco de sa maison ? C'est trop la **classe**. • Você viu a decoração da casa dela? É superchique.

clean adj., fam., do ing.
Pronuncia-se "klin".
1 DESINTOXICAR, PARAR (deixar de consumir drogas)

—Depuis qu'elle est redevenue **clean**, elle a décidé de reprendre ses études. • Quando parou de usar drogas, ela decidiu voltar a estudar.

2 CORRETO

—Ok, y a plein de mafieux dans l'immobilier, mais David, lui, il est **clean**. • Ok! Há muito mafioso no setor imobiliário, mas David é um cara correto.

clebs subs. m., fam., do ár.
CACHORRO, CÃO
Também **klebs**, **clébard**, **klébard**.

clepto *subs. m., fam., abrev.*
(cleptomane)
Também **klepto** (kleptomane).
CLEPTOMANÍACO, LARÁPIO, LADRÃO

—*Je veux plus qu'il vienne chez moi, ce **clepto**. La dernière fois il a piqué le mp3 de ma sœur.* • *Não quero que esse larápio volte à minha casa. Da última vez ele roubou o mp3 da minha irmã.*

clodo *subs. m. e f., abrev.*
(clochard)
INDIGENTE, MENDIGO

—*Y'a de plus en plus de **clodos** qui dorment dans les rues en hiver.* • *Cada vez há mais mendigos dormindo na rua no inverno.*

cloque (en) *loc., gír.*
GRÁVIDA, PRENHA

—*Elles me font marrer, ses idées loufoques, depuis qu'elle est **en cloque**.* (Fragmento de uma música de Renaud) • *Depois que ela embuchou, ela me mata de rir com suas ideias doidas.*

clubeur/euse *subs., fam.*
Também **clubbeur/euse**.
BALADEIRO

—*C'est un vrai **clubeur**, il sort toutes les nuits.* • *É um autêntico baladeiro; sai todas as noites.*

cocotter *v., fam.*
FEDER, EMPESTIAR

—*Ça **cocotte** le Chanel nº 5. Ça y est, Pénélope est arrivée.* • *Tá fedendo Chanel nº 5. Ah! A Penélope chegou.*

comater *v., gír.*
COCHILAR, IR COMO UM SONÂMBULO, "EM ESTADO DE COMA"

—*Hier, je suis sortie jusqu'à sept heures du mat. **J'ai comaté** toute la journée.* • *Ontem fiquei fora até sete da manhã e cochilei o dia todo.*

con *adj., fam., vulg.*

1 con/ne *adj., n., fam., vulg.*
Também **connard/connasse**. São mais depreciativos do que con/ne.
IMBECIL, ESTÚPIDO, IDIOTA

—*Tous les vieux (...) prennent les jeunots pour des **cons**.* (Fragmento de uma música de Georges Brassens) • *Todos os velhos (...) pensam que os jovens são idiotas.*
Con (forma masculina) também pode ser utilizado para se referir a uma garota:

—*Elle est **con**, cette meuf.* • *Essa garota é uma imbecil.*

2 CHATO, PENA (como lástima)

—*C'est **con** que tu m'aies pas dit que tu étais revenue, on aurait pu bouffer ensemble.* • *Que pena que você não me disse que tinha voltado, a gente podia ter almoçado juntos.*

3 à la con loc.
DROGA, MUITO RUIM, PÉSSIMO

—*Son portable à la con marche une fois sur deux.* • Essa droga de celular/notebook só funciona quando dá na telha.

condé subs. m., gír.
GAMBÉ, POLICIAL, HOMENS

—*Depuis qu'il a fait de la taule, il ne supporte plus les condés.* • Desde que esteve no xilindró, ele não suporta os tiras.

connerie subs. f.
IDIOTICE, ESTUPIDEZ

—*Cette réforme, c'est vraiment d'la connerie!* • Essa reforma é realmente uma estupidez.

conso subs. f., fam., abrev.
(consommation)
CONSUMAÇÃO (bebida, comida...)

—*Paye pas ta conso, je t'invite.* • Não tem consumação. Você é meu convidado.

cops n., fam.
O **p e o s** de **cops** são pronunciados.
AMIGO(A), NAMORADO(A)

—*Comment elle s'appelle, sa nouvelle cops ? Elle est sympa.* • Como se chama a sua nova amiga/namorada? Ela é simpática.

costard subs. m., fam.
1 TERNO

2 tailler un costard, tailler une veste à qqn loc.
CRITICAR, MALHAR

—*Quand le chef est parti de la fête, sa secrétaire lui a taillé un costard qui a étonné tout le monde.* • Quando o chefe foi embora, a secretária malhou ele de um jeito que surpreendeu todo mundo.

couille subs. f., fam., vulg.
1 COLHÕES, BOLAS, SACO

—*Lance Armstrong a eu un cancer des couilles et pourtant il a gagné plusieurs Tours de France.* • Lance Armstrong teve um câncer no saco e mesmo assim ganhou vários Tours de France.

2 PROBLEMA

—*Il y a une couille dans mon exercice de maths. J'arrive pas au même résultat que le prof.* • Tenho um problema com o exercício de matemática. Meu resultado não é o mesmo que o do professor.

3 se barrer en couille, se partir en couille loc.
DESFAZER-SE, IR PARA O ESPAÇO

—*Son mariage se barre en couille. Sa femme a demandé le divorce.* • O casamento dele foi pro espaço. A mulher pediu o divórcio.

4 s'en battre les couilles

loc., vulg.

NÃO IMPORTAR NADA, NÃO IMPORTAR NEM UM POUCO, NÃO ESTAR NEM AÍ, NÃO DAR A MÍNIMA

—*Je **m'en bats les couilles** si t'as plus un rond. Demande à quelqu'un d'autre de la thune.* • *Não tô nem aí se você não tem nem um centavo. Vá pedir grana pra outro.*

5 se faire des couilles en or

loc., fam., vulg.

ENCHER-SE DE GRANA

—*À force de gagner au poker, il **s'est fait des couilles en or**.* • *Ele encheu o rabo de grana no pôquer.*

> Les couilles também pode ser les burnes, les burettes, les coucougnettes, les boules, les bouboules, les roubignoles, les roupettes, les roustons...

couillon/ne *adj., subs., fam.*

1 IMBECIL, IDIOTA

—*Quel **couillon** ! Il a copié la rédaction de Sophie et il a même pas changé une virgule. Le prof l'a grillé évidemment.* • *Que idiota! Copiou a redação de Sophie e não mudou nem uma vírgula. O professor o pegou, claro.*

2 couillonner *v., fam.*

ENGANAR, ENROLAR, TIRAR SARRO

—*Pourquoi tu continues à aller dans sa boutique? T'en as pas marre de te faire **couillonner** ?* • *Por que você continua indo na loja dele? Você não se cansa de ser enrolado?*

court-jus *subs. m., fam.*

CURTO-CIRCUITO

—*L'incendie est dû à un **court-jus**.* • *O incêndio ocorreu por causa de um curto-circuito.*

crado *adj., fam.*

Também **crados**, **cracra**, **crade**, **cradingue**.

PORCO, NOJENTO

—*Touche pas le chien. Il est **crado**.* • *Não toque no cachorro. Ele tá nojento.*

craignos *adj., fam.*

O **s** final de **craignos** é pronunciado.

1 FEIO, FULEIRO

—*Il est **craignos** ton costume. Tu peux pas passer un entretien de travail avec ça.* • *Que terno mais fuleiro. Você não pode ir a uma entrevista de trabalho assim.*

2 ESTRANHO, SUSPEITO

—*Dans mon quartier, y a des mecs **craignos** qui rôdent. Ma mère a la trouille.* • *Pelo bairro andam uns tipos estranhos. Minha mãe tá morta de medo.*

craillave *v., gír., do cigano*

Também **crillave**, **criave**. Todos esses verbos não são conjugados.

craindre

craillave

RANGAR, COMER

—*J'ai trop la dalle. J'ai rien **craillave** aujourd'hui.* • *Tô morrendo de fome. Não ranguei nada hoje.*

craindre *v., fam.*
QUE MAUS, QUE CHATO, SEI LÁ

—*Ma sœur ne va pas au mariage de mon frère ; ça **craint**.* • *Minha irmã não vai ao casamento do meu irmão. Que maus!*

craque *subs. f., fam.*
1 MENTIRA, LOROTA

2 **craquer** *v., fam.*
a DESABAR, ALUCINAR, ENCANTAR, ENLOUQUECER

b DESMORONAR, DERRUBAR, EXPLODIR, ARREBENTAR

crasse (faire une) *loc.*
SACANAGEM (fazer uma)

—*La pire **crasse** que tu puisses faire à ton ex, c'est de sortir avec son meilleur ami.* • *A pior sacanagem que você pode fazer com o seu ex é sair com o melhor amigo dele.*

crève *subs. f., fam.*
GRIPE

—*Je crois que j'ai chopé la **crève**, je me sens pas bien.* • *Acho que peguei uma baita gripe; não me sinto bem.*

crever *v., fam.*
1 BATER AS BOTAS, MORRER

—*Y a toujours trop de gens qui **crèvent** sur la route l'été.* • *Muita gente continua batendo as botas nas estradas durante o verão.*

2 ARREBENTAR, QUEBRAR

—*J'ai passé la journée à faire du roller, j'**suis crevé**.* • *Passei o dia patinando e tô quebrado.*

se croûter *v., fam.*
DAR UMA PANCADA, BATER

—*Il **s'est croûté** à vélo et il est rentré à la maison couvert de sang.* • *Ele bateu com a bicicleta e voltou pra casa coberto de sangue.*

cuistot *subs. m., fam.*
COZINHEIRO

cuite *subs. f.*
1 BEBEDEIRA, PORRE

2 **se cuiter** *v.*
TOMAR UM PORRE

—*Le soir où il a retrouvé ses copains d'enfance, il **s'est cuité** avec eux.* • *Na noite em que reencontrou seus amigos de infância, eles tomaram um porre.*

> **O ÂNUS TEM UMA INFINIDADE DE NOMES EM FRANCÊS: LE CUL, LE TRAIN, L'ARRIÈRE-TRAIN, LE BOULE, LES FESSES LES MICHES, LE PÉTARD, LE POPOTIN, LE BABA, LE DERCHE, LE PANIER...**

cul *subs. m., fam., vulg.*

1 CU, ÂNUS

2 avoir du cul *loc., vulg.*
TER O RABO LARGO/SORTE

—*Putain, **il a du cul**, il a touché 5 000 euros au loto !* • *Caralho, ele tem o rabo largo; ganhou 5000 euros na loteria!*

3 avoir la tête dans le cul *loc., vulg.*
ESTAR MUITO CANSADO, ACABADO, PODRE

—*J'suis plus tout jeune, si je fais la fête deux nuits de suite, la troisième jour **j'ai la tête dans le cul**.* • *Não sou mais novo; se saio pra balada duas noites seguidas, no terceiro dia fico acabado.*

4 avoir le cul bordé de nouilles *loc., vulg.*
NASCER COM O CU VIRADO PARA A LUA, TER MUITA SORTE

—*Il **a le cul bordé de nouilles**, il a hérité de la maison d'une tante inconnue.* • *O cara nasceu com o cu virado pra lua; herdou uma casa de uma tia que ele nem conhecia.*

5 avoir le cul entre deux chaises *loc., fam.*
ESTAR ENTRE A CRUZ E A ESPADA, ESTAR NUM DILEMA ATROZ

—*Elle **a le cul entre deux chaises** : elle ne sait pas si elle reste avec son mari ou si elle part vivre avec son amant.* • *Ela está entre a cruz e a espada: não sabe se fica com o marido ou se vai morar com o amante.*

6 cucul (la praline) *adj., fam.*
BREGA, PIEGAS

—*Les histoires romantiques comme celle de "Titanic" sont vraiment **cucul la praline**.* • *As histórias românticas como as do Titanic são realmente muito piegas.*

7 en avoir plein le cul *loc., vulg.*
ESTAR DE SACO CHEIO, ESTAR POR "AQUI"

—*Elisa **en a plein le cul** de sa mère, elle va bientôt s'émanciper.* • *Elisa tá de saco cheio com a mãe dela; logo vai sair de casa.*

8 être cul et chemise *loc., fam.*
SER UNHA E CARNE, SER CU E CUECA, INSEPARÁVEIS

—*Obélix et Astérix **sont cul et chemise**, ils se battent toujours ensemble contre les romains.* • *Obelix e Asterix são unha e carne; sempre lutam juntos contra os romanos.*

9 l'avoir dans le cul *loc., vulg.*
FERRAR-SE, FODER-SE, DAR-SE MAL

—*Je **l'ai dans le cul**, j'ai raté la date finale des inscriptions à la fac.* • *Me ferrei! Deixei passar o prazo da matrícula na universidade.*

10 se casser le cul loc., vulg.
ACABAR-SE, MATAR-SE (FAZENDO ALGO)

—***J'me suis cassé le cul** à repeindre la porte du garage, et y a déjà des connards qui sont venus la taguer.* • *Me matei pra pintar a porta da garagem e uns filhos da puta vieram e picharam tudo.*

11 se geler le cul loc., vulg.
MORRER DE FRIO, CONGELAR

—*On **s'est gelé le cul** pendant les vacances en Norvège.* • *A gente quase morreu de frio durante as férias na Noruega.*

12 se sortir les doigts du cul loc., vulg.
FAZER ALGUMA COISA, TIRAR A BUNDA DA CADEIRA

—*Arrête de te plaindre que t'es tout seul, **sors-toi les doigts du cul** et inscris-toi sur Meetic.* • *Para de reclamar que você tá sozinho; tira a bunda da cadeira e se inscreve no Meetic*.*
* (Site de relacionamentos)

13 se taper le cul par terre loc., fam.
a MORRER DE RIR, ACABAR-SE (DE RIR)

—*Les films de Louis de Funès sont à **se taper le cul par terre**.* • *Os filmes de Louis de Funès são de morrer de rir.*

b MARAVILHOSO, DELICIOSO

—*Ton gâteau est à **se taper le cul par terre**.* • *Você faz um bolo maravilhoso.*

14 tomber sur le cul, en avoir le cul troué loc., vulg.
FICAR DE QUEIXO CAÍDO, ABOBALHADO, IMPRESSIONADO

—*J'suis **tombé sur le cul** quand ma grand-mère m'a dit qu'elle allait se remarier.* • *Fiquei de queixo caído quando minha avó me disse que ia se casar.*

D

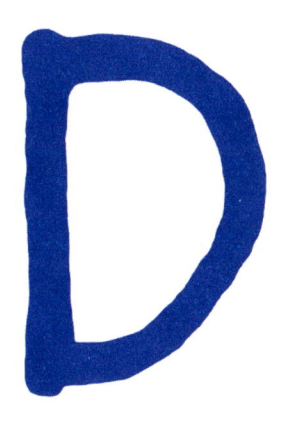

dalle *subs. f., fam.*

1 crever la dalle, avoir la dalle *loc., fam.*
ESTAR MORTO DE FOME

—*On prépare un truc vite fait à manger ? Je crève la **dalle**.* • *Vamos preparar alguma coisa rápida pra comer? Tô morto de fome.*

2 que dalle *loc., fam.*
NADINHA
Também **que tchi**.

—*Il te reste du shit ? // **Que dalle**, j'en ai même pas pour moi.* • *Você ainda tem haxixe? // Nadinha, não tenho nem pra mim.*

dard *subs. m., gír.*
PINTO, CACETE, PAU

—*Pompe-moi le **dard**, salope.* • *Chupa o meu pau, cachorra.*

daron/ne *subs., gír.*
VELHO (pai, mãe)

—*La **daronne** de Mich est bien conservée pour son âge. On dirait Sharon Stone.* • *A velha do Mich está bem conservada para idade dela. Parece com a Sharon Stone.*

daube *subs. f., fam.*

1 MERDA, DROGA, BOSTA

—*Hier y avait une grosse **daube** à la télé, j'ai roupillé dans le salon toute la nuit.* • *Ontem passou uma merda na televisão; cochilei na sala a noite toda.*

2 dauber *v., gír.*
FEDER, CHEIRAR MAL

—*Mets tes baskets dehors, ça **daube** ici !* • *Bote esses tênis lá fora, que tão fedendo!*

deal *subs. m., fam., do ing.*
Pronuncia-se "dil".

1 TRÁFICO

—*Le **deal** de coca est le principal problème de mon quartier.* • *O tráfico de coca é o principal problema de meu bairro.*

2 NEGÓCIO, TROCA, ROLO

_*C'est un super **deal** qu'il te prête sa bagnole en échange de ta bécane.* • *É um baita negócio: ele te empresta o carro em troca da moto.*

3 dealer
a *subs. m.* TRAFICANTE
O **r** final de **dealer** é pronunciado.

—Les flics ont chopé un **dealer** de 83 ans ! Incroyable ! • Os tiras pegaram um traficante de 83 anos. É incrível!

b v. TRAFICAR
O verbo **dealer** pronuncia-se "dilê".

—Aucun habitant n'avait rapporté à la police qu'il **dealait** car tous étaient terrifiés. • Nenhum morador contou à polícia que ele traficava, pois estavam apavorados.

décalqué/e adj., fam.
ACABADO, ARREBENTADO

—J'ai pas dormi de la nuit, j'suis **décalqué**. • Não dormi nada durante a noite; tô acabado.

dèche subs. f., fam.
MISÉRIA, POBREZA, DUREZA, FALTA DE ALGO EM GERAL

—C'est la **dèche** : je connais pas un seul mec célibataire à présenter à ma copine. • Que dureza: não conheço nenhum cara solteiro pra apresentar à minha amiga.

déchirer

1 déchiré/e adj., fam.

a CHAPADO, DROGADO

—Ce mec y va pas faire de vieux os. Il est **déchiré** 24 heures sur 24. • Esse cara não dura muito. Passa o dia chapadão.

b CANSADO, ACABADO, QUEBRADO

2 déchirer (sa mère, sa race) v., gír.
SER GENIAL, MARAVILHOSO, SUPERLEGAL, O MÁXIMO

—Le dernier skeud de NTM, il **déchire sa race**. • O último CD do NTM tá o máximo.

3 se déchirer v., fam.
DROGAR-SE

—Hernan sait pas faire la fête sans **se déchirer**. • Hernan não sabe se divertir sem se drogar.

déconner v., fam.
1 FAZER OU DIZER BOBAGENS

—Arrête de **déconner** ! On va nous virer du ciné. • Pare com essa zona, vão mandar a gente embora do cinema.

2 SACANEAR, TIRAR SARRO, ZOAR

—Tu **déconnes** ? T'as pas vu Johnny Depp au supermarché ? • Não zoa! Você viu o Johnny Depp no supermercado?

3 QUEBRAR, PIFAR

—Putain, mon ordi **déconne**. Je vais devoir le changer. • Caralho, meu computador pifou. Vou ter que trocá-lo.

défoncer v., fam.
1 DAR UMA SURRA

—J'vais le **défoncer**, le videur de la boîte, il m'a pas laissé rentrer la dernière fois. • Vou dar uma surra no gorila da balada; da última vez ele não me deixou entrar.

2 défoncé/e *adj., fam.*
Também **def** e **défonce**.
a DROGADO, CHAPADO
b CANSADO, SÓ O PÓ, ACABADO

3 se défoncer *v., fam.*
a DAR O SANGUE, DEDICAR-SE AO MÁXIMO
—*Ils **se sont défoncés** dans le spectacle. Ça a été formidable.* • Deram o sangue durante o espetáculo. Foi impressionante!

b DROGAR-SE
—*Les toxicos d'en bas **se défoncent** à n'importe quoi, même à la colle.* • Os noias lá de baixo se drogam com qualquer coisa, até com cola.

dèg (être) *loc., gír., abrev.* (dégoûté)
CHATEADO, DECEPCIONADO
—*Putain, j'suis **dèg**, j'ai pas eu mon permis.* • Droga! Tô chateado! Não consegui tirar minha carteira de motorista.

dégager *v., fam.*
IR EMBORA, DAR O FORA, DESAPARECER, VAZAR
—***Dégage**, je veux plus te voir !* • Vaza, não quero te ver nunca mais!

dégobiller *v., fam.*
VOMITAR
—*J'ai tout **dégobillé**. Je crois que les huîtres étaient pas fraîches.* • Vomitei tudo. Acho que as ostras não estavam frescas.

dégommer *v., fam.*
1 MATAR, ELIMINAR, APAGAR
—*À la fin du film, ils **dégomment** le héros d'une balle dans le dos.* • No final do filme, apagam o protagonista com uma bala nas costas.

2 DERRUBAR
—*Le chat a **dégommé** le vase de ma grand-mère, elle va être furax.* • O gato derrubou o jarro da vovó; ela vai ficar uma fera.

dégueu *adj., subs., fam.*
Também **dégueulasse**.
1 SUJO, NOJENTO, PORCO
—*Ce mec, il est **dégueu**, il pense qu'à peloter.* • Esse cara é nojento; tem uma mão-boba que não para.

2 dégueulasser *v., fam.*
ESTRAGAR TUDO, PÔR POR ÁGUA ABAIXO

dégueuler *v., vulg.*
1 VOMITAR
—*Elle a pas arrêté de **dégueuler** pendant toute sa grossesse.* • Vomitou as tripas pra fora durante toda a gravidez.

2 dégueulis *subs. m., vulg.*
VÔMITO
—*Après la fête, la salle de bain était pleine de **dégueulis**.* • Depois da festa o banheiro estava cheio de vômito.

déjanté/e *adj., fam.*
LOUCO, DOIDO, EXTRAVAGANTE

délire *subs. m., fam.*
1 LOUCURA

—*Faire des piercings à son chien, j'aime vraiment pas ses **délires**.* • *Colocar piercings no cachorro... Que loucura.*

2 se taper un délire *loc., fam.*
DELIRAR, VIAJAR, ALUCINAR

—*Quand on l'a vu arriver avec la boule à zéro, on **s'est tapé un délire** sur Kojak.* • *Quando a gente viu ele chegar com a cabeça raspada, todo mundo alucinou falando do Kojak.*

démerdard *subs. m., fam.*
1 ASTUTO, ESPERTO

—*C'est un **démerdard**, personne a réussi à le flaguer en plein trafic.* • *Ele é muito esperto. Ninguém nunca o pegou traficando.*

2 se démerder *v., fam.*
VIRAR-SE, ARRANJAR-SE, SAIR-SE BEM

—*Il **se démerde** bien dans son boulot, s'il continue comme ça, il sera bientôt directeur.* • *Ele se vira bem no trabalho; se continuar assim, logo será diretor.*

dépouiller *v., fam.*
ROUBAR/TIRAR TUDO

—*Ils l'ont complètement **dépouillé**, il s'est retrouvé en slip dans la rue.* • *Roubaram tudo; ele ficou só de cueca em plena rua.*

derche *subs. m., gír.*
CU, TRASEIRO, BUNDA

—*Avec son gros **derche**, on peut pas s'asseoir à trois à l'arrière de la bagnole.* • *Com o traseiro enorme que ele tem, não dá pra sentarmos os três no banco de trás do carro.*

descendre *v., fam.*
MATAR, ELIMINAR, APAGAR

—*Les flics **ont descendu** un Brésilien. Ils croyaient que c'était un prisonnier en fuite.* • *Os tiras apagaram um brasileiro. Achavam que era um prisioneiro fugitivo.*

dirlo *subs. m., abrev.*
(directeur)
DIRETOR

disquette *subs. f.*
mettre une disquette à qqn *loc., fam.*
MENTIR, ENGANAR, JOGAR UM SETE UM

—*J'voulais la guédra mais je suis trop jeune pour elle, alors j'**lui ai mis une disquette**, j'lui ai dit que j'avais 18 piges.* • *Eu queria xavecar ela, mas sou muito criança pra ela, então eu joguei um sete um: disse que tinha 18 anos.*

dsl *em torpedos e e-mails, abrev.*
(désolé/e)
SINTO MUITO, DESCULPE

ÇA A ÉTÉ UNE SOIRÉE D'ENFER, Y AVAIT DES ANNEES QUE JE NE M'ÉTAIS PAS ÉCLATÉ COMME ÇA! • A FESTA FOI SHOW, FAZIA ANOS QUE EU NÃO ME DIVERTIA TANTO!

E

éclater v., fam.
1 MORRER DE RIR, RACHAR DE RIR

—Il m'**éclate**, Gad Elmaleh, il est trop marrant. • Eu morro de rir com Gad Elmaleh, ele é muito engraçado.

2 ACABAR-SE, CURTIR, DIVERTIR-SE

—Ils se sont bien **éclatés**, les gamins, au cirque. • As crianças se divertiram muito no circo.

écolo subs., adj., abrev.
(écologiste)
ECOLOGISTA

s'écraser v., fam.
CALAR A BOCA, FECHAR A MATRACA

—**Écrase**, on s'en fout de ta vie ! • Cale a boca! A gente não tá nem aí pra sua vida.

embrouiller v., fam.
ENROLAR, EMBROMAR

—**M'embrouille** pas, je me fous de tes bobards, tu me rends ma thune. • Não me enrola, eu não tenho nada a ver com os seus problemas, pode ir devolvendo a grana.

emmerder v., fam.
1 ENCHER O SACO

—Tu commences à m'**emmerder** avec tes problèmes de cul, j'en ai rien à foutre. • Lá vem você me enchendo o saco com os seus problemas sexuais. Eu não tô nem aí pra eles.

2 ENTEDIAR-SE, FICAR DE SACO CHEIO

—Si vous vous **emmerdez**, cassez-vous. • Se ficarem de saco cheio, podem ir vazando.

3 emmerdeur/euse adj., fam.
PENTELHO, BABACA, CHATO, CHATONILDO

—Dans ce film, Jacques Brel joue le rôle d'un **emmerdeur** dépressif et suicidaire. • Nesse filme Jacques Brel interpreta um pentelho depressivo e suicida.

enculer v., vulg.
1 IR À MERDA, TOMAR NO CU
(lit. e fig.)

—Tu me fais chier, va te faire **enculer** ! • Você me enche o saco, vai à merda!

2 enculé/e subs., vulg.
FILHO DA PUTA, CANALHA

—Cet **enculé** a chouré mon portable et, en plus, il a appelé à l'étranger ! • Esse filho da puta roubou meu celular e ainda por cima ligou pra fora!

3 enculer les mouches loc., vulg.
a SER MUITO DETALHISTA

b FAZER MASTURBAÇÃO MENTAL, FICAR REMOENDO OS PROBLEMAS

d'enfer loc., fam.
DO CACETE, BOM PRA CARAMBA, SHOW, MASSA, DA HORA

—Ça a été une soirée **d'enfer**, y avait des années que je ne m'étais pas éclaté comme ça ! • A festa foi show, fazia anos que eu não me divertia tanto.

enfoiré/e adj., subs., vulg.
FILHO DA PUTA, CANALHA
Também **enflure**.

engueulade subs. f., fam.
1 ARRANCA-RABO, BRIGA

—Au dernier anniversaire de papi, y'a encore eu une **engueulade** à propos de l'oseille de mamie. • No último aniversário do vovô tivemos outro arranca-rabo por causa da grana da vovó.

2 engueuler v., vulg.
DAR UMA BRONCA, BRIGAR, RALHAR

3 engueuler qqn comme du poisson pourri loc., fam.
DAR UMA PUTA COMIDA DE RABO

équerre subs. f.
être d'équerre loc., fam.
SER UMA ESPONJA, ESTAR BÊBADO COMO UM GAMBÁ, TER BEBIDO TODAS, TOMAR UM PORRE

espèce de loc., depr.
SEU (enfatizar algo mau)

—Qu'est-ce que t'as fait, **espèce d'idiot** ! • O que você fez, seu imbecil!

étonnes (tu m') loc., fam.
Esta locução é afirmativa porque é usada em sentido irônico.
NÃO ME ESTRANHA/ESPANTA

—**Tu m'étonnes** qu'il parle plus à son père : il lui a piqué sa meuf ! • Não me estranha que ele não fale mais com o pai: roubou a mulher dele!

exploser qqn v., fam.
1 DAR UMA SURRA, DAR UM COURO (lit. e fig.)

—*J'étais en tête tout le long de la partie, mais finalement je me suis fait **exploser** par l'autre joueur.* • *Eu tava ganhando durante o jogo, mas no final levei uma surra do outro jogador.*

2 explosé/e *adj., fam.*
DESTRUÍDO, MORTO, ACABADO

—*Après la gym, j'suis toujours **explosée**.* • *Depois de malhar tô sempre acabada.*

F

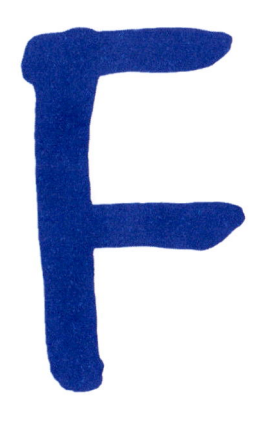

facho subs. m., adj., fam.
FASCISTA

—Mon voisin, c'est un vrai **facho**, il déteste les étrangers et tous ceux qui sont pas blancs. • Meu vizinho é um fascista: detesta os estrangeiros e todo mundo que não seja branco.

fait (ça le) loc., fam.
NÃO ESTÁ (NADA) MAL
A entonação determina o sentido.

—Moi, je dis que 50 euros la soirée pour la babysitter, **ça l'fait**. • Eu acho que 50 euros por noite pra babá não tá nada mal.

fastoche adj., fam.
DE MÃO BEIJADA, MOLEZA, UMA BABA

—L'examen final était **fastoche**, comparé à celui de l'année dernière. • O exame final tava moleza comparado com o do ano passado.

feu subs. m.

1 avoir le feu au cul loc., vulg.
a ESTAR COM MUITA PRESSA

—T'**as le feu au cul** ou quoi ? Tu peux rester cinq minutes avec nous ? • Você tá com tanta pressa assim? Não pode ficar mais cinco minutos com a gente?

b TER FOGO NO RABO

—Il **a le feu au cul**, celui-là, il ne pense qu'à baiser. • Esse aí tem fogo no rabo, só quer trepar.

2 y'a pas le feu (au lac)
loc., fam.
NÃO TEM PRESSA

3 ne pas faire long feu
loc., fam.
NÃO DURAR MUITO

—Leur grand amour **n'a pas fait long feu** : ils ont divorcé au bout d'une semaine. • O grande amor não durou muito; eles se divorciaram em uma semana.

feuj adj., subs., inversão
(juif)
JUDEU

feumeu subs. f., inversão
(meuf, inversão de **femme**)
MULHER, GAROTA, MENINA, MINA

filer v., fam.
1 DAR, PASSAR, PEGAR
—***File**-moi les ciseaux, j'ai un fil qui dépasse.* • *Me passe a tesoura, tem uma linha soltando.*

2 CONTAGIAR, TRANSMITIR, PASSAR, PEGAR
—*J'suis allé lui rendre visite parce qu'il était malade et il m'a **filé** la grippe.* • *Fui visitá-lo porque ele tava doente e acabei pegando a gripe dele.*

3 SAIR CORRENDO
—*Faut que je **file**, j'ai rendez-vous avec mon copain dans 10 minutes !* • *Tenho que sair correndo, marquei com um amigo daqui a 10 minutos.*

films (se faire des) loc., fam.
INVENTAR COISAS, IMAGINAR COISAS
—*Depuis qu'il a gagné le concours, il **s'fait des films**, il croit qu'il va devenir un champion.* • *Desde que ganhou o concurso, imagina cada coisa… Ele acha que vai virar um campeão.*

fiotte subs. f., gír., depr.
BICHINHA, VIADINHO, MARICAS
Tanto no sentido de homossexual como no de covarde.

fissa adv., do ár.
RAPIDINHO, AGORA
—*Tu vas me ranger ta chambre **fissa** sinon tu sors pas ce soir, compris ?* • *Se você não arrumar o seu quarto agora, não vai sair esta noite, ouviu?*

flaguer v., de flagrant délit
PEGAR, PEGAR NO FLAGRA
—*Il s'est fait **flaguer** par sa femme avec une tepu dans leur propre lit.* • *A mulher pegou ele no flagra com uma puta na própria cama do casal.*

flamber v., fam.
1 GASTAR DINHEIRO

2 flambeur/euse subs. o adj., fam.
METIDO, PLAYBOY, FANFARRÃO
Também **flamby®**.

flasher v., fam.
SER PEGO/FOTOGRAFADO POR RADAR
—*J'me suis fait **flasher** sur l'autoroute y a deux mois et j'ai toujours pas reçu d'amende.* • *Há dois meses o radar me pegou na estrada e ainda não recebi a multa.*

flic subs. m.
1 POLICIAL, TIRA

2 flicage subs. m., fam.
CONTROLE
—*J'en ai plein le cul du **flicage** de mon chef, je peux pas passer un coup de fil sans qu'il me demande à qui je parle.* • *Tô de saco cheio do controle*

do meu chefe; não posso fazer uma ligação sem que ele me pergunte com quem eu tô falando.

3 flicaille subs. f., fam. e depr.
OS TIRAS, OS HOMENS (corpo policial)

flingue subs. m.
1 PISTOLA, BERRO, FERRO

—*J'adore les films policiers avec les flics, leurs lunettes de soleil et leurs **flingues**.* • *Eu adoro os filmes de tiras com os óculos de sol e seus ferros.*

2 flinguer v.
COMER NA BALA

—*Tous les jours y'a des trafiquants qui se **flinguent** dans les favelas de Rio.* • *Todos os dias tem traficantes que se comem na bala nas favelas do Rio.*

flipper v., do ing.
TER MEDO, CAGAR DE MEDO

fliquer v., fam., de flic
VIGIAR, CONTROLAR, ESPIAR

—*Partout on installe des caméras dans les rues pour **fliquer** les gens.* • *Instalam câmeras nas ruas em todos os lugares para vigiar as pessoas.*

foirer v., fam.
1 FUNCIONAR MAL

—*J'en ai marre de ce téléphone qui **foire** tout le temps, j'entends pas les appels.* • *Tô cansada desse telefone que funciona mal, não escuto as ligações.*

2 FRACASSAR, SER UM DESASTRE

—*La présentation de son bouquin a **foiré**, y a pas eu assez de publicité et personne n'est venu.* • *A apresentação do livro dele foi um desastre; não teve publicidade suficiente e não apareceu ninguém.*

3 foireux/euse adj., fam.
FADADO AO FRACASSO, SEM FUTURO, POUCO CONFIÁVEL

—*Cet investissement en bourse était un plan **foireux**, il a perdu tout son argent.* • *Esse investimento na bolsa era um plano fadado ao fracasso; ele perdeu todo o dinheiro.*

fouetter v., fam.
FEDER, CHEIRAR MAL

—*Ça **fouette** ici, ouvre la fenêtre, je vais m'asphyxier.* • *Tá fedendo aqui, abre a janela, vou sufocar.*

foufoune subs. f.
XOTA, XOXOTA, BOCETA, PERIQUITA, XERECA

fouille subs. f.
s'en mettre plein les fouilles loc., fam.
ENCHER-SE DE DINHEIRO, MONTAR NA GRANA

—*Avec nos heures sup non payées, le patron **s'en met plein les fouilles**.* • *Com nossas horas extras não remuneradas, o chefe monta na grana.*

fouler (ne pas se) loc., fam.
NÃO SE MATAR, NÃO DAR O SANGUE (NÃO SE ESFORÇAR)

—*Sarah **s'est pas foulée** pour le dîner, elle nous a servi des pizzas surgelées.* • *A Sarah não se matou preparando o jantar; serviu pizzas congeladas pra gente.*

foutage de gueule
loc., vulg.
TIRAÇÃO DE SARRO, SACANAGEM, PALHAÇADA, BOBEIRA, BABAQUICE

—*Le discours du ministre sur la baisse du chômage, c'est du **foutage de gueule**, personne n'y croit.* • *O discurso do ministro sobre a redução do desemprego é uma palhaçada, ninguém acredita nele.*

foutoir subs. m., fam.
BAGUNÇA, CASA DA MÃE JOANA

—*Quel **foutoir** ici! On retrouverait même pas un éléphant dans cette pièce!* • *Que bagunça! Nesse quarto não dá pra encontrar nem um elefante.*

foutre
1 *subs. m., vulg.* ESPERMA, PORRA (sêmen)

2 *v., vulg.* FAZER

—*Qu'est-ce que tu **fous** dans ma chambre ? Je t'ai déjà dit de pas y entrer !* • *Que caralho você tá fazendo no meu quarto? Já falei pra você não entrar!*

3 *v., vulg.* ENFIAR, METER, PÔR, COLOCAR

—*Où as-tu **foutu** mon bouquin ? Je le retrouve plus.* • *Onde é que você enfiou o meu livro? Não encontro ele.*

Não há um equivalente exato em português para o verbo foutre; ele é mais familiar ou vulgar do que suas possíveis traduções: fazer, pôr etc.

4 aller se faire foutre
loc., vulg.
QUE SE FODAM, QUE SE FERREM

—***Allez** tous **vous faire** foutre, je fêterai mon anniversaire sans vous.* • *Que se fodam todos, vou festejar meu aniversário sem vocês.*

5 n'en avoir rien à foutre
loc., fam.
CAGAR PARA ALGO, CAGAR E ANDAR PARA ALGO

—*J'en ai rien à **foutre** de tes problèmes, débrouille-toi tout seul.* • *Tô cagando e andando pros seus problemas, se vira sozinho.*

6 se foutre de loc., fam.
a TIRAR O SARRO, SACANEAR

—*Arrête de **te foutre de** sa gueule, c'est pas de sa faute s'il a un bras* *plus court que l'autre.* • *Para de sacanear o cara, ele não tem culpa de ter um braço mais curto do que o outro.*

b NEM LIGAR, NÃO ESTAR NEM AÍ, IGNORAR

—*Il **s'en fout des** examens de biologie, il veut être mécanicien.* • *Ele nem liga pras provas de biologia, quer mesmo é ser mecânico.*

foutu/e adj., fam.

1 MELOU, DEU ERRADO

—*Pour la fête c'est **foutu**, mes parents partent pas.* • *A festa melou, meus pais não vão viajar.*

2 bien foutu/e loc., fam.

BEM FEITO (uma coisa, um objeto), GOSTOSO(A) (uma pessoa)

—*Elle est **bien foutue**, sa nouvelle nana, elle a tout ce qu'il faut là où il faut.* • *A nova namorada dele é gostosa, tem tudo no lugar.*

3 mal foutu/e loc., fam.

a MALFEITO, PÉSSIMO

—*Il est vraiment **mal foutu** son dernier thriller, il fout pas la trouille.* • *O último filme de terror dele tá muito malfeito, não dá nenhum medo.*

b MAU, DOENTE, FEBRIL, ESGOTADO

—*Il est **mal foutu** aujourd'hui. Il veut pas sortir.* • *Hoje ele está doente. Não vai sair.*

fracassé adj., gír.

DOIDÃO, LIGADO, CHAPADO
Também **foncedé/e**, **fonfon**, **fraca**, **cassfra**.

franchouillard/e adj. depr.

TIPICAMENTE FRANCÊS FRANCÉS/ESA

—*Quand Jeannette parle portugaise, on entend son accent **franchouillard**.* • *Quando Jeannette fala português se nota o sotaquezinho tipicamente francês.*

franco (parler) (franchement) adv., abrev.

FALAR SÉRIO, COM SINCERIDADE, PARA SER SINCERO, NA VERDADE, FRANCAMENTE

—*Pour **parler franco**, je te trouve vraiment charmante!* • *Falando sério, eu acho que você é mesmo encantadora!*

frangin/e subs., gír.

IRMÃO, IRMÃ

—*T'as sept **frangins** et trois **frangines**! Quelle grande famille!* • *Você tem sete irmãos e três irmãs! Que família enorme!*

fric subs. m., fam.

GRANA

f frime

EXISTE UMA INFINIDADE DE SINÔNIMOS PARA "DINHEIRO" EM FRANCÊS: LE POGNON, LE FRIC, LES THUNES, LE BLÉ, L'OSEILLE, LE FLOUZE, LES PÉPÈTES, LE PÈZE, DES RONDS, DES SOUS...

frime *subs. f., fam.*
1 GABAÇÃO, SENTIR-SE

2 frimer *v., fam.*
EXIBIR-SE, GABAR-SE

—Tu **frimes**, tu **frimes** mais tu nous impressionnes même pas. • Você fica aí se exibindo, se exibindo, mas não consegue impressionar a gente.

3 frimeur/euse *adj., fam.*
METIDO, QUE SE FAZ DE IMPORTANTE, ARROGANTE

se fringuer *v., fam.*
1 VESTIR-SE

—On dirait pas que c'est des frères, Paul **se fringue** toujours hyper classe et Pierre est toujours en survêt. • Nem parece que eles são irmãos. Paul se veste sempre superchique e Pierre sempre tá de moletom.

2 fringues *subs. f. pl., fam.*
ROUPA

—J'adore comment s'habille Katia, elle a toujours des super **fringues**. •

Adoro o jeito como a Kátia se veste, ela sempre usa roupas bacanérrimas.

frite *subs. f.*
avoir la frite *loc., fam.*
ESTAR (SUPER) EM FORMA, DISPOSTA

—Depuis ma cure de sommeil, j'**ai la frite** ! • Depois de ter dormido tanto, tô superdisposta.

se friter *v., fam.*
DISCUTIR, BRIGAR

—Cédric **s'est frité** avec ses parents hier à cause de la sale note qu'il a eu en maths. • Cédric brigou ontem com os pais dele por causa da nota ruim que tirou em matemática.

froc *subs. m., fam.*
CALÇA, CALÇA COMPRIDA, CALÇA JEANS, JEANS

AS CALÇAS PODEM SER CHAMADAS DE MUITAS MANEIRAS NA GÍRIA: LE VALSEUR, LE PANTALON, LE BEN, LE BÉNARD, LE BÉNOUZE, LE FALZAR, LE FENDANT, LE FENDARD, LE FROC, LE FUT, LE FUTAL...

frometon _{subs. m., gír.}
QUEIJO

fumette _{subs. f., fam.}
MACONHA, HAXIXE

furax _{adj., defor.}
(furieux)
FURIOSO, PUTO DA VIDA
—*Un camion a embouti l'arrière de sa bagnole, il est **furax**.* • *Um caminhão bateu atrás do carro dele, e ele está furioso.*

fut _{subs. m.}
O **t** final final é pronunciado.
CALÇA, CALÇA COMPRIDA, CALÇA JEANS, JEANS
Também **futal**.

IL S'EST FAIT GAULER PAR LES FLICS LA MAIN DANS LE SAC • OS TIRAS PEGARAM ELE COM A BOCA NA BOTIJA

G

Ggadji, gadjo *subs., do cigano*
Na linguagem cigana: moça, rapaz.

gaffe *subs. f., fam.*
1 MICO, GAFE, CAGADA, MANCADA

2 faire gaffe *loc., fam.*
ABRIR BEM OS OLHOS, PRESTAR ATENÇÃO, TER CUIDADO

—**Fais gaffe** dans le métro, te fais pas chouraver ton portefeuille. • Abra bem os olhos no metrô, para que não roubem sua bolsa.

3 gaffer *v., fam.*
DAR UMA MANCADA, COMETER UMA GAFE, FAZER MERDA

gageder *v., inversão* (dégager)
Também gagedé.
IR EMBORA, SAIR, VAZAR, DAR O FORA

—*Vas-y,* **gagedé** *avant que je te casse la gueule.* • *Vai, dá o fora daqui antes que eu te quebre a cara.*

galérer *v., fam.*
1 CUSTAR MUITO, CUSTAR PRA CARAMBA, DAR TRABALHO, SER DIFÍCIL

—*On* **a galéré** *pour trouver ton appart, t'habites dans le trou du cul du monde.* • *Deu trabalho encontrar a sua casa, você mora nos quintos dos infernos.*

2 ESFOLAR-SE, COMER O PÃO QUE O DIABO AMASSOU, ESFORÇAR-SE MUITO

—*Elle* **a galéré** *pour arriver à ce poste de directrice, personne lui a fait de cadeau.* • *Ela comeu o pão que o diabo amassou pra chegar nesse posto de diretora, ninguém deu nada de mão beijada pra ela.*

3 BATALHAR, SER DIFÍCIL

—*Il* **galère** *avec son salaire du fastfood, il arrive même pas à payer son loyer.* • *Ele batalha pra viver com o salário do fast-food, nem sequer consegue pagar o aluguel.*

4 galère subs. f., fam.
INFERNO, CASTIGO

—*Quelle **galère**, je vais partir en vacances avec toute la famille.* • *Que inferno! Vou sair de férias com toda a família.*

5 galérien/ne subs. fam.
SER UMA ENCRENCA, UM PROBLEMA AMBULANTE

—*C'est un **galérien**, il se fout toujours dans des plans foireux.* • *É um problema ambulante, sempre se mete em histórias furadas.*

se gaufrer v., fam.
LEVAR UM TOMBO, SOFRER UM ACIDENTE

—*Depuis qu'il **s'est gaufré** il y a deux ans, il veut plus remonter sur son vélo.* • *Desde que levou um tombo há dois anos, não quer mais andar de bicicleta.*

gaule

1 avoir la gaule loc., vulg.
ESTAR COM A BARRACA ARMADA, ESTAR DE PAU DURO

2 gauler v., fam.
PEGAR COM A BOCA NA BOTIJA, PEGAR COM A MÃO NA MASSA

—*Il s'est fait **gauler** par les flics la main dans le sac.* • *Os tiras pegaram ele com a mão na massa.*

gaver v., fam.
1 ENCHER A PANÇA, ENCHER-SE DE

—*On **s'est gavés** de cerises, c'est pour ça qu'on a la chiasse.* • *Enchemos a pança de cerejas, por isso estamos com caganeira.*

2 CANSAR, FICAR CANSADO, FICAR DE SACO CHEIO

—*Ça me **gave** de lui répéter toujours la même chose, il m'écoute pas.* • *Tô cansado de repetir sempre a mesma coisa e ele não me ouvir.*

ça gaze loc., fam.
ESTAR TUDO BEM, BELEZA

—*Comment ça va ? **Ça gaze** ?* • *E aí? Beleza?*

genre interj.
1 FALOU ENTÃO (iron.)

—*Tu veux me faire croire que t'as rencontré Paris Hilton pendant tes vacances ? **Genre** !* • *Quer que eu acredite que você conheceu a Paris Hilton durante as férias? Falô então!*

2 (faire) genre loc.
COMO SE FOSSE, DO TIPO

—*Jean-Noël va au boulot en costard, **genre** c'est un mec sérieux.* • *Jean-Noël vai pro trampo de terno, como se fosse um cara sério.*

gerber *v., fam.*
1 VOMITAR, CHAMAR O HUGO

2 donner la gerbe *loc.*
DAR ASCO, DAR NOJO, DAR VÔMITO, DAR ÂNSIA

glandes *subs. f. pl., fam.*
Usa-se menos do que **les boules**.
1 COLHÕES

2 avoir les glandes, choper les glandes *loc.*

a ESTAR FODIDO, ESTAR NA MERDA

b ESTAR DEPRIMIDO, ESTAR *DOWN*, ESTAR PARA BAIXO, ESTAR DEPRÊ

3 foutre les glandes *loc.*
DAR MEDO, CAGAR DE MEDO

4 glander *v., fam.*
COÇAR O SACO, VAGABUNDIAR, FICAR DE PAPO PRO AR, FICAR DE BOBEIRA

5 glandeur/euse *adj., fam.*
VAGAL, FOLGADO

6 glandu *adj., fam.*
BABACA, BOBÃO

glauque *adj., fam.*
1 SÓRDIDO, NOJENTO (pessoa ou ambiente)

2 FÚNEBRE, MACABRO, GROTESCO, LÚGUBRE (olhar ou aspecto)

gober *v., fam.*
ENGOLIR, ACREDITAR, ACEITAR

—*Il est vraiment naïf, il gobe tout.*
• *Ele é muito inocente, engole tudo.*

gogues *subs. f. pl., fam.*
Também **gogs**.
BANHEIRO, PRIVADA

golri *v., inversão*
(rigoler)
RIR

—*Il me fait **golri**, cet acteur, il est trop marrant.* • *Esse ator me faz rir, é muito engraçado.*

gonfler *v., fam.*
1 ENCHER O SACO, PERTURBAR, ABUSAR

—*Il nous **gonfle** avec ses problèmes de famille, on en a rien à foutre.* • *Ele enche o saco da gente com os seus problemas familiares. A gente está pouco se lixando.*

2 gonflé/e *adj., fam.*
CARADURA, DESCARADO, CARA DE PAU, SEM-VERGONHA

3 les gonfler *loc., vulg.*
DAR NO SACO, ENCHER O SACO

gonzesse subs. f., fam.
Também se usam as abreviações **go** e **gonz**.
GAROTA, MINA

gouine subs. f., fam.
SAPATÃO, SAPATONA, SAPATA, CAMINHONEIRA

se gourer v. prnl., fam.
ENGANAR-SE, DAR BOBEIRA, COMER MOSCA

—*Il s'est **gouré** en me rendant la monnaie, il m'a filé 10 euros de plus, j'ai rien dit.* • Ele deu bobeira ao me dar o troco; vieram 10 euros a mais e eu não disse nada.

gratos adj., adv., fam., defor.
(gratuit)
O **s** final é pronunciado.
GRÁTIS, DE GRAÇA, NA FAIXA, NO VASCO

gratter v., fam.
1 PECHINCHAR

—*J'ai réussi à **gratter** 20 euros sur le prix du blouson, j'suis content, c'est une bonne affaire.* • Consegui pechinchar e consegui 20 euros de desconto na jaqueta. Estou contente, é uma pechincha.

2 FURAR A FILA

—*Je **me suis fait gratter** par une vieille à la queue du supermarché.* • Uma velha furou a fila no supermercado e passou na minha frente.

3 ESCREVER

—*À l'examen j'ai **gratté** cinq pages.* • Escrevi cinco páginas na prova.

4 TOCAR, DEDILHAR, RASGAR (um instrumento)

—*T'a l'air d'un scout à **gratter** ta guitare devant le feu.* • Você parece um escoteiro, rasgando o violão em frente da fogueira.

5 gratte subs. f., fam.
VIOLÃO

—*Quand il joue de la **gratte**, c'est un vrai plaisir.* • Quando ele toca violão, é uma delícia.

grailler v., fam.
ENGOLIR, DEVORAR

grave fam.
Também **gravos**.
1 FODA, TERRÍVEL adj.

—*Elle a volé de l'argent à sa grand-mère qui est dans le coma. Elle est **grave**!* • Roubou o dinheiro da avó que está em coma. Ela é terrível!

2 MUITO, UM MONTÃO, PRA CARAMBA adv.

—*J'ai bossé* **grave**, *j'ai envie de dormir.* • *Trabalhei pra caramba, tô a fim de dormir.*

griller v., fam.
PEGAR

—*Elle* **s'est fait griller** *par sa mère en train de fumer du shit.* • *A mãe dela pegou ela fumando haxixe.*

se grouiller v., fam.
APRESSAR-SE, FICAR ESPERTO, CORRER

—**Grouille-toi**, *on va rater le train !* • *Corre, senão a gente vai perder o trem!*

gueule subs. f., fam.
1 BICO, MATRACA, BOCA
Pode-se utilizar simplesmente **ta gueule** como expressão para dizer "cala a boca".

—*Si c'est pour dire des conneries pareilles, ferme* **ta gueule**. • *Se é pra dizer essas besteiras, melhor calar a boca.*

2 CARA, FUÇA, PINTA

—*Il a une* **gueule** *de truand, il se fait arrêter par tous les flics.* • *Tem uma pinta de bandido/marginal e é parado por todos os tiras.*

3 avoir de la gueule loc., fam.
TER CARA BOA

—*Son projet d'entreprise, ça* **a de la gueule**, *je crois que ça va marcher.*
• *O projeto de empresa dele tá com uma cara boa, acho que vai dar certo.*

4 (n')avoir que de la gueule loc., fam.
SER PAPUDO, SER UM GARGANTA

—**T'as que de la gueule**, *tu crois que t'iras dire à Jeannot ce que tu penses de lui, mais tu le feras jamais.*
• *Você é um garganta: diz que vai falar pro Jeannot o que pensa dele, mas não vai fazer isso nunca.*

5 avoir une grande gueule loc., fam.
SER INVOCADO

6 avoir une sale gueule loc., fam.
SER MAL-ENCARADO

7 coup de gueule loc., fam.
RODAR A BAIANA

—*À toutes les réunions, Pierre pousse un* **coup de gueule** *mais ça ne sert à rien.* • *Em todas as reuniões o Pierre roda a baiana, mas não adianta nada.*

8 faire la gueule loc., fam.
FICAR EMBURRADO, FICAR CHATEADO

—**Fais pas la gueule**. *Ça peut s'arranger.* • *Não fique chateado. Isso tem solução.*

9 gueule de bois loc., fam.
RESSACA

10 gueuler v., fam.

g gueule

BERRAR, GRITAR, ESPERNEAR

11 se casser la gueule *loc., fam.*
LEVAR UM TOMBO, QUEBRAR A CARA

12 se fendre la gueule *loc., fam.*
MORRER DE RIR, ACABAR-SE DE RIR, MIJAR DE RIR

13 se foutre de la gueule de qqn *loc., fam.*
RIR-SE, SACANEAR, TIRAR SARRO

—*Ils se **foutent de ma gueule** à la fac, ils m'ont fait revenir trois fois pour leurs papiers à la con.* • *Tão me sacaneando na faculdade, me fizeram voltar três vezes por causa de uns documentos de merda.*

14 se mettre sur la gueule, se foutre sur a gueule *loc., fam.*
CAIR NA PORRADA, SAIR NO PAU

—*Ils peuvent pas se blairer, au bout de deux minutes ils **se mettent sur la gueule**.* • *Eles não vão com a cara um do outro; depois de dois minutos já caem na porrada.*

H

hab (comme d') loc., abrev.
(comme d'habitude)
COMO DE COSTUME, COMO SEMPRE

haine subs. f.
1 avoir la haine loc., fam.
ESTAR FURIOSO, PUTO DA VIDA

—*Je me suis fait voler mon sac à main avec tous mes papiers, mon portable, mes cartes de crédit… Putain, j'**ai la haine** !* ● - *Roubaram minha bolsa com todos os meus documentos, o celular, os cartões de crédito… merda, tô puta da vida!*

2 foutre la haine loc., fam.
DEIXAR PUTO DA VIDA

halluciner v., fam.
NÃO ACREDITAR, ACHAR INCRÍVEL

—*J'**hallucine**, Marie a chopé le numéro de téléphone de Brad Pitt !* ● *Não acredito! A Marie conseguiu o telefone do Brad Pitt!*

halouf subs. m., fam.
Transcrição da palavra "porco" em árabe.
Também **hralouf**, **allouf**.
PORCO, NOJENTO

happy hour loc., fam., del ing.
É pronunciado "apiauer". Em francês, é pronunciado sem aspirar o **h**. Além disso, se for o caso, pode-se fazer a *liaison*, ou seja, um *"happy hour"* (pronunciado "anapiauer").
HAPPY HOUR

hasch subs. m., fam., abrev.
(haschisch)
Pronunciado "ash".
HAXIXE

hosto subs. m., fam., abrev.
(hôpital)
HOSPITAL

i

ièch, ièche *v., inversão*
(chier)
CAGAR, ENCHER O SACO

illico presto *adv., fam., do laimn*
IMEDIATAMENTE

imbitable *adj., vulg.*
INCOMPREENSÍVEL
—*Son explication était **imbitable**, personne a rien pigé.* • Sua explicação foi incompreensível e ninguém entendeu lhufas.

impec *adj., fam., abrev.*
(impeccable)
IMPECÁVEL

s'incruster *v. prnl.*
se taper l'incruste *loc.*
PERMANECER DURANTE MUITO TEMPO
—*Je leur avais dit de pas venir mais ils **se sont tapé l'incruste**.* • Eu falei pra eles não virem, mas eles vieram e nunca iam embora.

info *subs. f., fam., abrev.*
(information)
INFORMAÇÃO, NOTÍCIA
—*Le prix de l'essence baisse, j'ai entendu l'**info** à la radio.* • O preço da gasolina vai baixar. Eu ouvi a notícia no rádio.

t'inquiète *loc., fam., abrev.*
(ne t'inquiète pas)
TRANQUILO, NÃO SE PREOCUPE, FIQUE NA SUA

insse *subs. m., inversão*
(sein)
PEITO, TETA, FAROL

intello *subs. m., adj., abrev.*
(intellectuel)
INTELECTUALOIDE

intox (de l') *subs. f., abrev.*
(intoxication)
MENTIRA, BOBAGEM
—*Qui t'a dit que le coût de la vie baisse ? C'est de l'**intox** !* • Quem te disse que o custo de vida está baixando? Que mentira!

jarter *v., gír.*
SAIR (expulsar alguém)

—*Vas-y, **jarte** de là, c'est ma place !* • Vai, sai daí. Esse lugar é meu!

jambon-beurre
subs. m., despect.
Significa, literalmente, "presunto-manteiga", como referência ao sanduíche mais comum da França. É utilizado principalmente pelos estrangeiros.
UM FRANCÊS DA GEMA

—*Dès qu'une musulmane se marie avec un **jambon-beurre**, la police pense que c'est un mariage blanc.* • Quando uma muçulmana se casa com um francês da gema, a polícia pensa que se trata de um casamento de conveniência.

jeton *subs. m.*
1 avoir les jetons *loc., fam.*
CAGAR DE MEDO, MORRER DE MEDO

2 foutre les jetons *loc., fam.*
DAR MEDO, ASSUSTAR

—*T'as entendu parler du dernier film de Lars von Trier ? Il a l'air de vraiment **foutre les jetons**.* • Você ouviu falar do último filme de Lars von Trier? Acho que a gente se caga de medo dele.

jeura *subs., inversão*
(rage)
avoir la jeura *loc.*
ESTAR PUTO DA VIDA

—*Quand Kader a appris que sa meuf s'était barrée avec son meilleur pote, il avait trop **la jeura**.* • Quando o Kader ficou sabendo que sua namorada tinha fugido com o melhor amigo dele, ficou puto da vida.

job *subs. m., fam., do ing.*
TRABALHO, TRAMPO

—*C'est clair que tu vas perdre ton **job**.* • É óbvio que você vai ficar sem trampo.

joint *subs. m., fam.*
BASEADO, FUMO

—*Mes parents aiment pas que je fume des **joints**, ils disent que ça rend bête.* • Meus pais não gostam

j jouer (se la)

que eu fume baseado, eles dizem que a gente fica retardado.

HÁ VÁRIOS SINÔNIMOS DE "BASEADO" EM FRANCÊS: UN JOINT, UN OINJ, UN PET, UN PÉTARD, UN TARPÉ, UN STICK, UN KEUSTI ...

A origem da palavra **jules** com este sentido é antiga: era um nome masculino comum, usado também para se referir ao cafetão. Hoje perdeu essa conotação e significa simplesmente "namorado", "marido".

jouer (se la) *loc., fam.*
DAR UMA DE GOSTOSO, IMPRESSIONAR

—*Il s'achète des fringues de marque pour se **la jouer** devant les nanas.* • Ele compra roupas de marca pra dar uma de gostoso para a mulherada.

jtd *em torpedos e e-mails, abrev.*
(je t'adore)
TE ADORO

jtm *em torpedos e e-mails, abrev.*
(je t'aime)
TE AMO

jules *subs. m., fam.*
NAMORADO, MARIDO

—*Demain elle va présenter son **jules** à ses parents, elle a les pétoches.* • Amanhã ela vai apresentar o namorado para os pais; tá morrendo de medo.

junkie *subs., fam., do ing.*
DROGADO

jus *subs. m., fam.*
1 CAFÉ

—*Avant de commencer à bosser, tu veux un **jus** ?* • Antes de começar a trampar, você quer um café?

2 LUZ, CORRENTE (ELÉTRICA), FORÇA

—*Ah merde, y a plus de **jus**, le compteur a disjoncté !* • Merda, acabou a força! Acho que a caixa de força desligou!

3 GASOSA (combustível)

—*Faut que je passe à la station service remettre du **jus** dans la caisse.* • Eu tenho que passar no posto para colocar combustível no carro.

4 mettre au jus *loc., fam.*
DEIXAR POR DENTRO, AVISAR

—***Mets-moi au jus** quand tu auras mis tes photos en ligne.* • Me avise quando colocar as fotos na net.

K

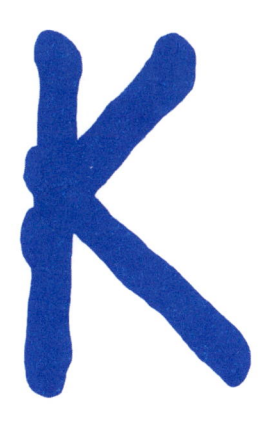

kawa <small>subs. m., fam., do ár.</small>
CAFÉ

kebla <small>subs. m., fam., inversão</small>
(black)
Também **keubla**.
NEGRO/A (pessoa ou cor)

kéblo <small>adj., inversão</small>
(bloqué/e)
BLOQUEADO

kéké <small>subs. m., fam.</small>
METIDO, GOSTOSÃO
—*Regarde-moi ce **kéké** dans sa panoplie à la mode, il est ridicule !* • *Olha só esse metido com as suas roupinhas da moda; fica ridículo!*

kèn, kène <small>v., vulg., inversão</small>
(niquer)
TREPAR, FODER, TRANSAR

keuf <small>subs. m., abrev.</small>
(keufli, <small>inversão de</small> **flic)**
POLICIAL, HOMEM, TIRA

keumé, keum <small>subs. m., inversão</small>
(mec)
CARA

keupon <small>subs. m., inversão</small>
(punk)
PUNK, PUNKI

kif <small>subs. m., gír., do ár.</small>
1 HAXIXE

2 PAIXÃO, LOUCURA
—*La moto, c'est son **kif** à Patou.* • *A moto é a paixão de Patou.*

3 kif-kif, kifkif <small>adj., fam., del ár.</small>
IGUAL, EQUIVALENTE, IDEM

4 kiffer qqn qqch <small>v., gír., defor. do ár.</small>
a GOSTAR MUITO, ADORAR
—*Je le **kiffe trop** ce mec, il est trop cool.* • *Adoro esse cara; ele é muito legal.*

b AMAR, ADORAR
—*J'te **kiffe**.* • *Adoro você.*

L

lapin (poser un) loc., fam.
DEIXAR PLANTADO, DAR UM CANO

larguer qqn v., fam.
ABANDONAR (em uma relação amorosa)
—*Au bout de trois mois de relation, il **l'a larguée** sans explication.* • *Depois de três meses, abandonou ela sem mais nem menos.*

lèche-bottes subs., fam.
PUXA-SACO, ADULADOR

lèche-cul subs., vulg.
PUXA-SACO

lège adj., fam., abrev.
(léger)
SUPERFICIAL

—*Tes arguments sont un peu **lège**, tu vas jamais convaincre le jury.* • *Seus argumentos são um pouco superficiais; você nunca vai convencer o júri.*

live (partir en) loc., del ing.
1 DESANDAR
—*Quand ils ont abordé le sujet, y avait déjà tellement de tension, que la réunion **est partie en live**.* • *Quando tocaram no tema, a tensão era tamanha que a reunião desandou.*

2 PERDER AS ESTRIBEIRAS, RODAR A BAIANA
—*Elle s'est sentie attaquée par sa famille, alors elle **est partie en live** et elle a engueulé tout le monde.* • *Ela se sentiu atacada pela família; por isso rodou a baiana e brigou com todo mundo.*

louper qqch v., fam.
1 ESTRAGAR TUDO (um trabalho)
2 BOMBAR, REPROVAR (em uma prova)
—*José **a loupé** son examen. Il est furax.* • *O José bombou na prova. Está puto da vida.*

3 PERDER (um trem, um avião...)
—*Ils **ont loupé** leur train ; finalement, ils resteront ici pour le week-end.* • *Eles perderam o trem; no fim, vão ficar aqui para o fim de semana.*

lourder v., gír., de lourde
EXPULSAR, MANDAR PEGAR O CAMINHO DA ROÇA

M

se magner *v. prnl.*
ANDAR LOGO, CORRER

—***Magne-toi***, *on est à la bourre !* • *Anda logo que a gente tá com pressa!*

manche *adj., subs. m., fam.*
1 DESASTRADO

2 avoir le manche *loc., vulg.*
FICAR DE PAU DURO

3 faire la manche *loc., fam.*
PEDIR ESMOLA

—*Serge **fait la manche** dans le métro. Il vit de ça.* • *Serge pede esmola no metrô. Ele vive disso.*

4 s'y prendre comme un manche *loc., fam.*
NÃO FAZER AS COISAS DIREITO, COMEÇAR A FAZER AS COISAS DE QUALQUER JEITO

maquer *v., fam.*
MORAR JUNTO, JUNTAR-SE, JUNTAR OS TRAPOS

w

maquereau *subs. m., fam.*
Também **mac**, **maque**, **macque**, **mach**.
CAFETÃO

marave, maraver *v.,*
do cigano
DAR UMA SURRA, MATAR

se marrer *v., fam.*
RIR, DIVERTIR-SE

marron *subs., m., fam.*
PORRADA, PANCADA (golpe)

masse
1 être à la masse *loc., fam.*
ANDAR DISTRAÍDO, NA LUA

2 pas des masses *loc., fam.*
NÃO MUITO

—*Cette année il a presque pas plu. Des champignons, y'en a **pas des masses**.* • *Quase não choveu este ano; não há muitos cogumelos.*

mat *subs. m., abrev.*
(matin)

O **t** final é pronunciado.
MANHÃ, MATINA
—*Tous les jours je me lève à cinq heures du **mat**.* • Todos os dias eu me levanto às cinco da matina.

mater *v., gír.*
1 ESPIAR, DAR UMA OLHADA

2 OLHAR, OBSERVAR

matos *subs. m., defor.*
(**matériel**)
O **s** final é pronunciado.
1 PARAFERNÁLIA, MATERIAL, ARSENAL

—*Les musiciens sont venus avec tout leur **matos**, ils ont besoin de rien.* • Os músicos vieram com toda a parafernália deles; não precisam de nada.

2 MERCADORIA, NEGÓCIO, ENCOMENDA, MATERIAL (droga)
—*Si tu veux le **matos**, d'abord passe le fric.* • Se você quer a mercadoria, primeiro me dê a grana.

max (un) *loc., abrev.*
(**maximum**)
PARA CARAMBA, UM MONTÃO

mdr *em torpedos e e-mails, abrev.*
(**mort de rire**)
MORRO DE RIR, KKKKK, RSRSRS

mec *subs. m., fam.*
CARA, SUJEITO

mecton *subs. m., fam.*
GAROTO, MENINO, RAPAZ

médoc *subs. m., defor.*
(**médicament**)
MEDICAMENTO, REMÉDIO

méfu *v., inversão*
(**fumer**)
FUMAR

merder *v., fam.*
1 FODER-SE (prova)

2 FRACASSAR, IR POR ÁGUA ABAIXO, FALHAR (assunto, projeto)

3 FUNCIONAR MAL

4 merdeux/euse *vulg.*
a UM/A MERDA, DETONADO, ACABADO, ENVERGONHADO *adj.*
—*Après avoir envoyé chier sa mère, il pensait qu'il aurait pas dû le faire, il se sentait vraiment **merdeux**.* • Depois de ter mandado a mãe dele pro inferno, ficou arrependido e envergonhado.

b NOVATO/A *subs.*

5 merdier *subs. m., vulg.*
MOLEQUE/CRIANÇA

6 merdique *adj., fam.*
DE MERDA, RUIM

—*Ils veulent me faire signer un contrat **merdique** : y a ni les horaires, ni la rémunération.* • *Querem me obrigar a assinar uma merda de contrato, que não tem nem os horários nem a remuneração.*

merdouiller *v., fam.*
Também **merdoyer**.
PISAR NA BOLA, FAZER MERDA

—*J'ai **merdouillé**, j'étais incapable d'expliquer ma situation à la psy.* • *Pisei na bola. Fui incapaz de explicar minha situação pra psicóloga.*

mère (ta) *loc., abrev.*
(nique ta mère, NTM)
VAI SE FODER

meuf *subs. f., inversão*
(femme)
GAROTA, MINA

micheton *subs. m., fam.*
1 CLIENTE DE PROSTITUTA

2 **michetonner** *v., fam.*
RODAR A BOLSINHA, PROSTITUIR-SE

michto *interj., do cigano*
LEGAL, DA HORA

minette *subs. f., fam.*
GAROTA, MENINA, JOVENZINHA

mob *subs. f., abrev.*
(mobylette)
MOTO, MOBILETE

—*Sa passion des **mobs**, c'est terminé. Jeannot veut s'acheter une caisse.* • *Ele já não gosta tanto de motos. Agora Jeannot quer comprar um carro.*

moche *adj., fam.*
1 MAL, HORRÍVEL

—*Qu'est-ce que c'est **moche** ce qu'elle a fait, vendre les cadeaux que ses parents lui ont offerts à Noël !* • *O que ela fez foi horrível! Vendeu os presentes que os pais lhe deram no Natal!*

2 FEIO/A

3 **mocheté** *subs. f., fam.*
FEIO, DESAGRADÁVEL (PESSOA)

mollard *subs. m., vulg.*
ESCARRO

mollo *adv., fam., transfor.*
(mollement)
COM CUIDADO, TRANQUILAMENTE, DEVAGAR

—*Vas-y **mollo** avec l'embrayage, elle est neuve, ma bagnole.* • *Tenha cuidado com a embreagem; meu carro é novo.*

môme subs. m., fam.
JOVEM, MENINO/A

morbac subs. m., defor. (morpion)
PENTELHO, PESSOA CHATA

morfler v., gír. fam.
PASTAR, LEVAR A CULPA

—*Titi a lancé une pierre au prof mais c'est Pedro qui a **morflé** à sa place.* • *Titi jogou uma pedra no professor, mas foi Pedro quem levou a culpa.*

mort (c'est) loc., fam.
JÁ ERA, FODEU

—*Ça fait deux heures qu'on attend, j'crois que **c'est mort**, il viendra plus.* • *A gente já tá esperando faz duas horas; já era, acho que ele não vem mais.*

mortel/elle adj., fam.
DO CARALHO, DA HORA, GENIAL

mouise subs. f., fam.
POBREZA, MISÉRIA

—*Quelle **mouise**! Ma mère peut pas non plus me prêter d'argent.* • *Que miséria! Minha mãe também não pode me emprestar dinheiro.*

moule subs. f., vulg.
1 BOCETA, XOXOTA, XANA

2 avoir de la moule loc., vulg.
TER SORTE, NASCER VIRADO PARA LUA

—*Vous **avez de la moule**! Personne a vu que vous trichiez, pourtant c'était pas discret.* • *Vocês nasceram virados pra lua! Ninguém viu a treta de vocês, e olha que não foi nada discreto.*

murge subs. f.
1 BEBEDEIRA, PORRE

2 se murger v., gír.
TOMAR UM PORRE, BEBEDEIRA

mytho subs. m., abrev. (mythomane)
PAPUDO, GABAROLA, GARGANTA

—*T'es complètement **mytho**, me raconte pas de salades, t'as jamais rencontré aucun chanteur américain.* • *Você é um puta papudo, não adianta enrolar porque você nunca conheceu nenhum cantor norte-americano.*

nana *subs. f., fam.*

1 GAROTA, MINA

2 NAMORADA, COMPANHEIRA, PATROA

n'importe nawaque
loc., gír., defor.

(n'importe quoi)
Também **n'imp.**

1 DE QUALQUER JEITO, QUALQUER COISA, BOBAGEM

—Oui, je sais que j'ai fait **n'importe nawaque**, la prochaine fois je suivrai le mode d'emploi. • OK, eu sei que fiz de qualquer jeito; da próxima vez vou seguir as instruções.

2 FALA SÉRIO!

—Quoi ? Il a dit que j'avais cassé la fenêtre ? **N'importe nawaque** ! C'est lui qui l'a cassée ! • O quê? Ele disse que eu quebrei a janela? Fala sério! Foi ele quem quebrou!

3 QUALQUER COISA, DÁ NA MESMA

—Moi je peux manger **n'importe nawaque**, t'inquiète pas pour moi. • Eu como qualquer coisa, não esquenta a cabeça.

nase *subs. m., adj., fam.*
Também **nasebroque, naze, nazebroque**.

1 QUEBRADO, COM DEFEITO

—Il est **naze** ton appareil, il fait des photos floues. • Sua câmera tá com defeito; as fotos saem fora de foco.

2 SÓ O PÓ, QUEBRADO, CANSADO

—J'suis **nase**, j'ai pas fermé l'œil de la nuit. • Tô só o pó; não preguei o olho durante toda a noite.

3 RUIM, DE MÁ QUALIDADE, PORCARIA

—Elles sont **nases** ses nouvelles bottes, elles prennent l'eau. • As botas novas dela são uma porcaria, enchem de água.

4 IDIOTA

—C'est un vrai **nase**, ce mec. Il nous a dit qu'il nous ramènerait en voiture et il est parti sans rien nous dire. • Esse cara é um idiota. Disse que dava carona pra gente e foi embora sem dizer nada.

néné subs. m.
TETAS, PEITO

—Elle rembourre toujours ses soutifs parce qu'elle a pas de **nénés**. • Ela sempre coloca enchimentos no sutiã, porque não tem tetas.

nénette subs. f., fam.
GAROTA

nez subs. m.

les doigts dans le nez loc., fam.
SEM NENHUM PROBLEMA, COM O PÉ NAS COSTAS

—T'inquiète ! Tu réussiras l'examen **les doigts dans le nez**. • Não estressa! Você vai passar na prova com um pé nas costas.

niac subs. m., gír., despect.
Também **niacoué, niakoué, niaquoué**.
CHINÊS (asiático)

—La vraie mission de Rambo, c'est de tuer un max de **niacs**. • A verdadeira missão do Rambo é matar um monte de chineses.

niaque (avoir la) loc., fam.
ESTAR MUITO MOTIVADO, MUITO A FIM, MANDAR VER, MANDAR BEM

—Cet acteur il **a la niaque**, il ira très loin. • Esse ator manda muito bem; ele vai longe.

nibard subs. m., fam.
TETAS, PEITOS, FARÓIS
Também **nichon**.

Para falar dos peitos das mulheres existem muitas palavras em francês: la gougoutte, le lolo, le néné, le nib, le nibard, le nichon, le tété, le robert, le roploplo...

nickel adj., fam.
IMPECÁVEL, PERFEITO

—Merci d'avoir préparé la déco, tout était **nickel**. • Obrigada por ter feito a decoração; tava tudo impecável.

niquer v., vulg., del ár.
Usado principalmente para insultar.
1 TRANSAR, FODER, DAR UMA

2 ROUBAR, DAR CALOTE

3 DAR UMA SURRA

4 nique ta mère, nique ta race loc., vulg.
VAI SE FODER

nœud subs. m.
1 vulg. PAU, CARALHO

2 à la mors-moi le nœud loc., vulg.
DE MERDA, RIDÍCULO, NAS COXAS

—Les travaux n'avancent pas

parce que l'architecte lui a fourni des plans *à la mors-moi le nœud*. • As obras estão empacadas porque o arquiteto deu pra ele uns projetos feitos nas coxas.

3 nœud-nœud subs., adj., fam.
BOBINHO/A, INGÊNUO/A, BABAQUINHA

4 tête de nœud loc., vulg.
IMBECIL, BABACA

> ## O SUFIXO -OS
>
> Em francês informal, como jogo linguístico, é possível mudar muitos substantivos ou adjetivos acrescentando-lhes o sufixo deformador **-os** e pronunciando o s final: **portos** (portugais), **musicos** (musicien), **gravos** (grave), **débilos** (débile), **rapidos** (rapide), **cassos** (casser), **chiantos** (chiant), **matos** (matériel), **chicos** (chic)…

oim *pron., inversão*
(moi)
Também **ouam**, **wam**. Ambos são pronunciados "uam".
EU, MIM, MEU

—*Touche pas à ça, c'est pour **ouam**.* • *Não toque nisso, é pra mim*

oinj *subs. m., inversão*
(joint)
O **j** final é pronunciado.
BASEADO

—*J'ai jamais fumé de **oinjs**. J'aime pas rigoler comme un con.* • *Nunca fumei baseado. Não gosto de ficar rindo como um idiota.*

on y go *loc., fam., mistura de ing. com fr.*
VAMOS

—*On va être en retard pour la séance de ciné, **on y go** ?* • *A gente vai chegar tarde no cinema; vamos?*

os (l'avoir dans l')
loc., vulg.
ESTAR FODIDO, FERRADO

oseille *subs. f., gír.*
GRANA, BUFUNFA, TUTU

ouais *adv., fam., defor.*
(oui)
Pronuncia-se "we".
SIM

ouest (être à l') *loc., fam.*
ESTAR VIAJANDO, VIAJAR NA MAIONESE

—*Il est vraiment **à l'ouest**, il savait pas que George Bush n'était plus le président des États-Unis.* • *Ele tá realmente viajando na maionese; nem sabia que o George Bush não era mais o presidente dos Estados Unidos.*

ouf *subs. m., adj., inversão*
(fou)
LOUCO, DOIDO

P

palot subs. m.
se rouler un palot loc., fam.
BEIJAR NA BOCA

—*Petit, il lisait des magazines d'adolescentes pour apprendre à **rouler des palots**.* • *Quando era pequeno, lia revistas de adolescentes pra aprender a beijar na boca.*

Paname subs. p., fam.
PARIS

Paname é um apelido familiar de Paris. Sua origem vem do fato de que, no início do século XX, os parisienses tinham adotado o chapéu Panamá, em voga por causa dos trabalhadores que construíram o canal com mesmo nome.

papelard subs. m., fam.
PEDAÇO DE PAPEL

—*Donne-moi un **papelard** pour noter ton mail.* • *Me dá um pedaço de papel pra eu anotar seu e-mail.*

parigot/e subs., adj., fam.
PARISIENSE

O ditado "Parisien, tête de chien, parigot, tête de veau" " ("parisiense, cara de cachorro; parisiense, cara de novilho") é uma piada com rima usada pelas pessoas do interior para zombar dos parisienses. Embora atualmente não seja muito usado, todo mundo o conhece.

tu parles loc., fam.
Só é utilizado com "você" e no presente.
NÃO ACREDITO, TÁ ZOANDO

—***Tu parles**! Il aura jamais les couilles d'appeler chez tes parents.* • *Tá zoando! Ele nunca terá peito pra ligar para os teus pais.*

partouse subs. f., fam.
Também **partouze**.
SURUBA, ORGIA

patate subs. f., fam.
1 PANCADA

2 **avoir la patate** loc., fam.
ESTAR EM PLENA FORMA

—*Depuis les vacances, **j'ai la patate**.* • *Desde que voltei de férias, tô em plena forma.*

3 en avoir gros sur la patate *loc., fam.*
FICAR ENGASGADO COM ALGO, DECEPCIONADO

paumer *v., fam.*
1 PERDER

2 paumé/e *adj., fam.*
PERDIDO, DISTRAÍDO

—*Quand j'suis arrivé à México, j'étais complètement **paumé**, j'arrivais pas à m'orienter.* • *Quando cheguei ao México, tava totalmente perdido e não conseguia me orientar.*

pauv' *adj., fam., abrev.*
(pauvre)
POBRE

paye (ça fait une) *loc., fam.*
HÁ SÉCULOS, FAZ TEMPO

peau *subs. f.*
1 avoir la peau de qqn, faire sa peau à qqn *loc., fam.*
ELIMINAR, MATAR, APAGAR, mas também FODER ALGUÉM

—*Si Paulo continue à m'asticoter, je vais **lui faire la peau**.* • *Se o Paulo continuar me torrando a paciência, vou matar ele.*

2 avoir qqn dans la peau
ESTAR LOUCO/DOIDO POR ALGUÉM, APAIXONADO

pêche (avoir la) *loc., fam.*
ESTAR EM PLENA FORMA

pécho, peucho *v., inversão*
(choper)
1 PEGAR

—*Il dit qu'il a **pécho** un herpès à la piscine, comme si ça pouvait s'attraper comme ça.* • *Ele diz que pegou herpes na piscina, como se isso fosse possível.*

2 ROUBAR, AFANAR

—*Il a **pécho** une bouteille de champagne et il s'est fait piger à la caisse.* • *Ele afanou uma garrafa de champanhe, mas foi pego no caixa.*

3 PEGAR, FICAR

—*Alors, tu l'as **pécho** la meuf?* • *E então, você pegou a mina ou não?*

pédé *subs. m., abrev.*
(pédéraste)
Antigamente era comum reduzir a homossexualidade à pederastia.
MARICAS, MARIQUINHA, VEADO

> Em francês informal ou de rua, da mesma forma que em português, há uma grande quantidade de sinônimos para homossexual: **pédé, ped, pédale, folle, tafiole, tapiole, tapette, tante, tantouse, tantouze, tarlouse, tarlouze**...

péfly *v., inversão*
(flipper)

É pronunciado "peflai". Também se pode usar **pefli**, **peufli**.

1 DELIRAR, VARIANDO DAS IDEIAS

—*Tu **péfly** ou quoi ? J'ai jamais voulu allumer ton mec.* • *Você tá delirando, é? Eu nunca me ofereci para o seu namorado.*

2 faire péfly *loc., fam.*
DAR MEDO, TER MEDO, ANGUSTIAR

—*Cet examen me **fait péfly** : si je me plante encore une fois, la prof va convoquer mes parents.* • *Essa prova me dá medo: se eu bombar de novo, a professora vai chamar meus pais.*

pelle *subs. f.*
se rouler une pelle *loc.*
BEIJAR NA BOCA
Também **se rouler une galoche**.

people *subs., adj., del ing.*
Também **pipole**.
FAMOSO, CONHECIDO

—*Beaucoup d'artistes critiquent la presse **people**, mais ils l'utilisent quand ça les intéresse.* • *Muitos artistas criticam a imprensa marrom/cor-de-rosa/sensacionalista, mas se valem dela quando é do seu interesse.*

> A locução "**presse people**" aparece na França no final dos anos 1990 para designar a antiga expressão "presse à scandales", que tem conotações negativas.

péquenaud/e *subs. m., adj., fam., depr.*
CAIPIRA

—*Mate le **péquenaud** en train de promener sa chèvre avec une laisse.* • *Olha só aquele caipira levando sua cabra para passear.*

percuter *v., fam.*
PEGAR, CAPTAR, CAIR A FICHA, SACAR (entender)

—*Quand il a dit qu'il déménageait, j'ai pas **percuté** : en fait, il quitte sa femme.* • *Quando ele disse que estava se mudando, eu não saquei: na verdade, ele estava deixando a mulher.*

périph', périphe *subs. m., abrev.*
(**périphérique**)
ANEL VIÁRIO

perpète (à) *loc. adv., fam.*
1 NA PUTA QUE PARIU, NO FIM DO MUNDO, ONDE JUDAS PERDEU AS BOTAS

2 (PRISÃO) PERPÉTUA

—*Si la police l'arrête, il en prendra pour **perpète**.* • *Se a policia pegá-lo, ele vai ser condenado à prisão perpétua.*

Pétaouchnok *subs. p., fam.*
Pétaouchnok é o nome de um povo imaginário.
NO FIM DO MUNDO, NA PUTA

p pétard

QUE PARIU, ONDE JUDAS PERDEU AS BOTAS

—*Il rend jamais visite à ses grands-parents parce que ça le fait chier : ils habitent à **Pétaouchnok**.* • *Ele nunca vai visitar os avós, porque acha um saco: eles moram na puta que pariu.*

pétard *subs. m., fam.*
1 BASEADO, BAGULHO

2 PISTOLA, ARMA

pétasse *subs. f., fam., vulg.*
MULHER VULGAR

—*Sors pas avec ce décolleté, les mecs vont te prendre pour une **pétasse**.* • *Não vá com esse decote, os caras vão te achar vulgar.*

péter *v., fam.*
1 EXPLODIR, ARREBENTAR *(lit. e fig.)*

—*Si les tensions avec la police continuent, ça va **péter**.* • *Se esses choques com a polícia continuarem, isso vai explodir.*

2 **être pété/e de fric, être pété/e de thunes** *loc., fam.*
ESTAR CHEIO DA GRANA, MONTADO NA GRANA

—*Ce mec il a pas besoin de bosser, **il est pété** de fric.* • *Esse cara não precisa trampar; ele tá montado na grana.*

3 **péter un câble, péter les plombs** *loc., fam.*
PERDER A CABEÇA

—*Il a dit au juge qu'il avait tué sa femme parce qu'il avait **pété un câble**.* • *Ele disse pro juiz que matou a mulher porque havia perdido a cabeça.*

4 **se la péter** *loc., fam.*
EXIBIDO, METIDO

—*T'as vu comment il **se la pète** celui-là avec son yacht ?* • *Você viu como o cara tá metido por causa do iate?*

5 **se péter la gueule** *loc., vulg.*
a QUEBRAR A CARA

b TOMAR UM PORRE, EMBEBEDAR-SE

pétoche/s (avoir la/les) *loc., fam.*
ESTAR MORTO DE MEDO, CAGAR DE MEDO

piaule *subs. f., fam.*
QUARTO

pied (prendre son) *loc., fam.*
1 CURTIR MUITO

—*J'ai **pris mon pied** en conduisant cette caisse, elle est géniale !* • *Delirei ao dirigir este carro; ele é da hora!*

2 GOZAR

—*Les actrices porno font semblant de **prendre leur pied**, faut pas croire qu'elles ont des vrais orgasmes.* • *As atrizes pornôs fingem que* gozam; não pense que elas têm orgasmos de verdade.

pieu subs. m., fam.
1 CAMA
—*Il est resté au **pieu** toute la journée.* • *Ele passou o dia na cama.*

2 se pieuter v., fam.
JOGAR-SE NA CAMA, CAIR NA CAMA

pif subs. m., fam.
1 NARIZ

2 BEBIDA ALCOÓLICA, ESPECIALMENTE VINHO BARATO

3 au pif loc. fam.
AO ACASO, A GOSTO

pifer v., fam.
Também **piffer**, **piffrer**.
É usado mais com negativas.
ENGOLIR (SUPORTAR)
—*Il est trop antipathique, je peux pas le **pifer**.* • *Ele é muito antipático; eu não engulo ele.*

piger v., fam.
PEGAR (ENTENDER)

pinard subs. m., fam.
VINHO

pince subs. f., fam.
1 MÃO

2 PATA, PÉ

se pinter v. prnl., fam.
TOMAR UM PORRE, BEBEDEIRA

pioncer v., fam.
APAGAR, DORMIR
—*Le dimanche c'est mon seul jour de repos, je **pionce** jusqu'à midi.* • *O domingo é meu único dia de descanso; durmo até o meio-dia.*

pipe subs. f., vulg.
1 BOQUETE, CHUPETA, SEXO ORAL

2 tailler des pipes, faire une pipe loc., vulg.
FAZER UM BOQUETE, CHUPAR, FAZER SEXO ORAL
—*Elle veut arriver vierge au mariage mais ça l'empêche pas de **tailler des pipes**.* • *Ela quer se casar virgem, mas isso não a impede de fazer boquetes.*

pipeauter v., fam.
1 DIZER/CONTAR MENTIRAS, INVENTAR HISTÓRIAS, CONTAR LOROTAS

—J'ai **pipeauté** toute la soirée, ils ont tout gobé. • *Contei lorotas durante toda a noite e todo mundo acreditou.*

2 pipeauteur/euse *subs. m., fam.*
MENTIROSO

piquer *v., fam.*
1 ROUBAR, AFANAR

—Arrête de **piquer** de la bouffe, tu vas te faire choper. • *Para de roubar comida; ainda vão te pegar.*

2 PEGAR (NO FLAGRA)

—Les flics l'**ont piqué** quand il allait fuir du pays. • *Ele foi pego pelos tiras quando ia fugir do país.*

3 INJETAR-SE, APLICAR-SE

—Elle est diabétique, elle doit se **piquer** deux fois par jour. • *Ela é diabética e por isso tem que se aplicar injeções duas vezes por dia.*

piquouse *subs. f., fam.*
INJEÇÃO

pisser *v., fam.*
1 MIJAR, FAZER XIXI

2 laisser pisser *loc., fam.*
DEIXAR (continuar)

—Sonia est fâchée ? **Laisse pisser**, elle se calmera. • *Sonia está brava? Deixa quieto, logo vai passar.*

3 ne pas/plus se sentir pisser *loc., fam.*
METIDO, CONVENCIDO, ACHAR-SE

—Depuis que son père est le maire, il **se sent plus pisser**. • *Desde que o pai dele virou prefeito, ele tá se achando.*

4 pisser à la raie de qqn, pisser sur qqn *loc., vulg.*
NÃO ESTAR NEM AÍ, NÃO DAR A MÍNIMA (mostrar desprezo por alguém)

5 pisser dans un violon *loc., vulg.*
SER INÚTIL, FALAR COM AS PAREDES

—Tu peux lui répéter de ranger sa chambre, c'est comme si tu **pissais dans un violon**, elle le fera pas. • *Você pode dizer mil vezes pra ela arrumar o quarto que ela não vai fazer isso; é como falar com as paredes.*

planque *subs. f., fam.*
1 ESCONDERIJO, LUGAR SECRETO

2 planquer *v., fam.*
ESPIAR, ESPIONAR

—Les flics ont **planqué** trois jours pour rien. Les voleurs étaient déjà partis. • *A polícia andou espionando durante três dias para nada. Os ladrões já tinham fugido*

3 (se) planquer *v., v. prnl., fam.*
ESCONDER-SE

—*Tu l'as planquée* où, la télécommande ? Derrière le canapé ? • Onde você escondeu o controle remoto? Atrás do sofá?

planter *v., fam.*
DAR UM BOLO, DEIXAR NA MÃO

—*Elle l'a planté* le jour de leur mariage. • Ela deu um bolo nele no dia do casamento.

plaquer *v., fam.*
ABANDONAR, DEIXAR, TERMINAR (relação)

—*Il a tout plaqué* pour sa maîtresse : sa famille, son boulot et sa maison. • Ele deixou tudo por causa da amante: a família, o trabalho e a casa.

plombe *subs. f., gír.*
HORA

—*Qu'est-ce que tu fous ? Y a deux plombes que je t'attends.* • Cê tava fazendo o quê? Tô te esperando faz duas horas.

plumard *subs. m., fam.*
CAMA

—*Je dors bien que dans mon plumard.* • Eu só durmo bem na minha própria cama.

pochetron/ne *subs., adj., gír.*
BÊBADO, MAMADO

pogne *subs. f., fam.*
MÃO

—*Il s'est coincé la pogne* dans la porte et il s'est cassé deux phalanges. • Ele fechou a porta na mão e quebrou dois dedos.

pognon *subs. m., fam.*
GRANA

poil *subs. m.*

1 Poil au + uma parte do corpo
Para tirar sarro de alguém que está falando sério ou rir dele sem que ele perceba, pode-se usar a locução **poil** au mais uma parte do corpo que rime com a última palavra da frase. **Poil au nez** (fam.) e **poil au cul** (vulg.) são as mais comuns, mas pode ser outra parte do corpo.

— *Exemplo de situações em que uma pessoa (A) faz um discurso sério e a outra (B) ri pelas costas.*
A : *Merci de vous être déplacés.* || B : *Poil au nez.* || A : *Je vous souhaite la bienvenue.* || B : *Poil au cul.* || A : *On va commencer la réunion.* || B : *Poil au nichon.*

2 poil (à) *loc.*
NU, PELADO, COMO VEIO AO MUNDO

se poiler v.
MORRER DE RIR, MIJAR DE RIR

poireau subs. m.

1 se dégorger le poireau loc., vulg.
GOZAR, TER UM ORGASMO (apenas homens)

2 faire le poireau loc., fam.
FICAR ESPERANDO, LEVAR UM CANO, PLANTADO EM ALGUM LUGAR

—*J'en ai marre de **faire le poireau**. Je me casse.* • Tô de saco cheio de ficar esperando. Fui.

3 poireauter v., fam.
Ficar esperando

poiscaille subs. m., fam.
PEIXE (COMIDA)

poisse subs. f., fam.
1 AZAR

—*Quelle **poisse** ! J'ai encore perdu ma clé USB.* • Que azar! Perdi meu pen drive de novo.

2 avoir la poisse loc., fam.
PÉ-FRIO, AZARADO

3 porter la poisse loc., fam.
DAR AZAR, MAU AGOURO, SER PÉ-FRIO

—*Jeanne ne passe jamais sous les échelles, elle croit que ça **porte la poisse**.* • Jeanne nunca passa debaixo da escada, porque acredita que isso dá azar.

poivrot/e subs. fam.
BÊBADO, MANGUACEIRO

pommes (tomber dans les) loc., fam.
DESMAIAR

—*Il était en hypoglycémie, il est **tombé dans les pommes**.* • Ele teve uma crise de hipoglicemia e desmaiou.

pompe subs. f., fam.
1 SAPATO, CALÇADO

—*Fais voir tes **pompes**, elles sont super fashion.* • Deixa eu ver seus sapatos? São super fashion.

2 avoir un coup de pompe loc., fam.
CANSAR-SE SUBITAMENTE

3 être à côté de ses pompes loc., fam.
BOIAR, NÃO ENTENDER NADA

poudre subs. f., fam.
PÓ, FARINHA (heroína, coca)

poufe subs. f., vulg.
Também **pouffe**, **pouffiasse**.
1 PROSTITUTA, PUTA, PIRIGUETE

2 MULHER VULGAR, VADIA, GALINHA

pouilleder $_{v., inversão}$
(dépouiller)

1 ROUBAR, AFANAR

2 pouilledé/e $_{adj., inversão}$
(dépouillé/e)
a ROUBADO/A, ASSALTADO/A (vítima de um roubo)

b ESTAR LEGAL (drogado)

poule $_{subs. f., fam.}$
Também **poulette**.
1 *despect.* QUERIDA (amante)

2 AMOR, VIDA
Termo afetivo usado principalmente com o possessivo "meu, minha": "ma poule".

3 GAROTA, MINA

poulet $_{subs. m., fam.}$
POLICIAL, TIRA, GAMBÉ

—*Y'a des **poulets** partout dans mon quartier. On a l'impression d'être tous des délinquants.* • No meu bairro os tiras estão por toda parte. Dá a impressão de que todos somos ladrões.

pourrave $_{adj., gír., defor.}$
(pourri)
FEIO, HORROROSO, DE MAU GOSTO, DE MÁ QUALIDADE

—*Il est **pourrave** ton pull. Tu l'as trouvé dans une poubelle ?* • Que horrorosa essa blusa! Você achou no lixo, foi?

pourri/e $_{adj., fam.}$
1 CORRUPTO/A

2 MIMADO/A

3 MIMADO/A

P.Q., PQ $_{loc., fam., abrev.}$
(papier cul)
A letra **q** é pronunciada em francês como "cul".
PAPEL HIGIÊNICO

pro $_{subs.m. ou f., adj., fam., abrev.}$
(professionnel)
PROFISSIONAL

prolo $_{subs., adj., fam.}$
RALÉ, TRABALHADOR, POBRE
Em francês, usa-se também com o sentido de "pobre".

—*Moi j'aime pas les vêtements de chez H&M, c'est pas classe, c'est des fringues de **prolo**.* • Eu não gosto da roupa da H&M, porque não é chique, é roupa de pobre.

proprio *subs. m. ou f., abrev.*
(propriétaire)
PROPRIETÁRIO/A, CASEIRO/A

—La **proprio** veut augmenter le loyer de 200 euros. Quelle salope ! • A proprietária quer aumentar o aluguel em 200 euros. Que vaca!

provoc *subs. f., abrev.*
(provocation)
PROVOCAR

—On dirait une ado : elle aime bien la **provoc** pour se faire remarquer. • Ela parece uma adolescente: gosta de provocar para dar a nota.

prune *subs. f., fam.*
1 MULTA

—Je me suis encore fait flasher, j'suis sûr que je vais recevoir la **prune** la semaine prochaine. • Fui pego novamente por um radar; tenho certeza de que a semana que vem me chega uma multa.

2 BOBINHA, INGÊNUA, TONTINHA

—Quelle **prune**, cette nana ! Elle sait même pas se servir d'un téléphone. • Que tontinha essa garota! Nem sabe usar o telefone.

psy *subs. m. ou f., abrev.*
(psychologue, psychiatre)
PSICÓLOGO, PSIQUIATRA

ptdr *em torpedos ou e-mails, abrev.*
(pété de rire)
MORTO DE RIR, KKKK, RSRSRS

purée *interj., eufemismo*
(putain)
CARAMBA, POXA

putain
1 *subs. f., vulg.* PUTA, PIRANHA, VADIA, VACA, PIRIGUETE

—Elle s'habille comme une **putain**. Ses parents arrêtent pas de l'engueuler. • Ela se veste como uma puta. Os pais brigam com ela o tempo todo.

2 *interj. fam.* CARALHO! PUTA QUE PARIU!

—**Putain** ! J'y crois pas ! Qu'est-ce que tu fais là ? • Puta que pariu! Eu não acredito! O que você tá fazendo aqui?

> Em francês, **putain** é utilizado frequentemente no início de frases do tipo que desencadeiam palavrões, como **Putain de bordel de merde, fait chier!** Nesse caso, é usado principalmente para enfatizar a frustração ou a raiva.

pute *subs. f., vulg.*
1 PUTA

2 langue de pute *loc., vulg.*
LÍNGUA VENENOSA

R

racaille *subs. f., fam.*
CAMBADA, CORJA, GENTINHA, POVINHO

—*Vous en avez assez de cette bande de **racailles** ? Eh ben, on va vous en débarrasser.* • Vocês estão de saco cheio dessa cambada? Então vamos nos livrar deles.

> Famosa frase dita por Nicolas Sarkozy, quando era ministro do Interior, em uma visita aos subúrbios de Paris.

race (ma/ta/sa/...) *loc., vulg.*
Completa uma explicação ou palavra, enfatizando seu sentido. Refere-se a uma locução polissêmica que pode ser traduzida de muitas maneiras, segundo o contexto, com significado tanto positivo quanto negativo. É muito comum com os verbos **niquer** ou **défoncer** ("foder", "sacanear").

—*Manu est furax. Franck a pris sa mob pour aller à Paris. Il va lui défoncer **sa race** !* • O Manu tá puto da vida. O Franck pegou a moto dele pra ir a Paris. Vai foder com ele/ela!

—*Cette nouvelle version, elle déchire **sa race**.* • Essa nova versão é demais.

—*Quand j'étais petit, je flippais **ma race** en matant des films d'horreur.* • Quando eu era criança, morria de medo nos filmes de terror.

racho *adj., gír.*
MÃO DE VACA, PÃO-DURO

raconter (se la) *loc.*
RONCAR PAPO, EXIBIR-SE, GABAR-SE

—*T'as vu comment il **se la raconte** celui-là avec son histoire de vacances aux Caraïbes ?* • Você viu como o cara ronca papo com essa história de ter passado as férias no Caribe?

rade *subs. m., gír.*
1 BOTECO, BARZINHO

2 en rade *loc., fam.*
a FALTA ALGO, ESTAR ZERADO

—*On est **en rade** de P.Q., faut qu'on aille au supermarché.* • Falta papel higiênico; a gente tem que ir ao supermercado.

b QUEBRADO, PIFADO

—*J'ai laissé ma voiture **en rade** au bord de la route et j'suis venu au boulot en stop.* • *Deixei o carro pifado no acostamento e vim trampar de carona.*

3 laisser en rade *loc., fam.*
ABANDONAR, DEIXAR JOGADO, DEIXAR NA MÃO

—*Il l'a **laissée en rade** au milieu du projet et elle a dû le finir toute seule.* • *Ele deixou ela na mão na metade do projeto, e ela teve de terminar sozinha.*

se radiner *v., fam.*
VOLTAR, CHEGAR, VIR

—*Encore ces cons qui **se radinent**, cassons-nous !* • *Lá vêm esses filhos da puta; vamos dar o fora!*

rage (avoir la) *loc., fam.*
ESTAR PUTO DA VIDA, NERVOSO

ragnagnas *subs. pl., fam.*
CHICO, MENSTRUAÇÃO, PERÍODO

As adolescentes usam muitas expressões para falar dessa época: les ragnagnas, les ragnoutes, les anglais ont débarqué (alusão ao derramamento de sangue no desembarque da Normandia, na Segunda Guerra Mundial). **Le débarquement, les russes, les cocos** (de "communistes", por causa da cor vermelha). **Les trucs, les machins.**

raide *adj., fam.*
1 ZERADO, LISO, DURO (sem dinheiro)

—*Je suis désolé, je ne peux rien te prêter, je suis **raide**.* • *Sinto muito, eu não posso te emprestar nada, porque tô zerado.*

2 CHAPADO, BÊBADO, MAMADO

—*À la fin de la soirée elle était tellement **raide** qu'elle a dû laisser sa voiture et rentrer en taxi.* • *No final da noite ela tava tão chapada que teve que deixar o carro e voltar de táxi.*

Blagues
—Quéquette et Foufoune sortent en boîte de nuit. Qui conduit ? // Foufoune, car Quéquette est **raide**. Jogo de palavras com o sentido de raide ("liso, esticado"), e com o sentido de "bêbado" e de "pau duro".

—Foufoune et Quéquette sont au resto. Qui paye l'addition ? // Foufoune, car Quéquette est raide. Jogo de palavras com o sentido de raide ("liso, esticado"), e com o sentido de "seco" o "nu", "liso".

se ramasser *v., fam.*
1 LEVAR UMA PANCADA, PORRADA

—*Depuis qu'il **s'est ramassé** en bécane, il prend le bus.* • *Desde que se arrebentou com a moto, ele pega ônibus.*

2 BOMBAR, REPROVAR

—*Il s'est encore **ramassé** à*

l'examen d'anglais, c'est son troisième zéro. • Ele bombou de novo na prova de inglês; é seu terceiro zero.

ramener sa fraise

loc., fam.
METER O BEDELHO, METER O NARIZ ONDE NÃO É CHAMADO, INTROMETER-SE
Também **la ramener**.

—*Cet abruti de comptable, faut toujours qu'il **ramène sa fraise**. Il se permet de critiquer les profs, alors qu'il y connaît que dalle en pédagogie.* • Aquele contador idiota tem sempre que meter o nariz onde não é chamado. Ele acha que pode criticar os professores sem entender lhufas de pedagogia.

ramer *v., fam.*

RALAR, ESFORÇAR-SE MUITO, DAR O SANGUE

—*Il a beaucoup **ramé** pour monter sa propre entreprise, heureusement il est tenace et travailleur.* • Ele ralou para montar sua própria empresa; ainda bem que ele é tenaz e trabalhador.

rancard *subs. m., fam., abrev.* (rendez-vous)

1 ENCONTRO, CONSULTA, HORÁRIO

—*J'ai **rancard** chez le dentiste à cinq heures.* • Tenho uma consulta com o dentista às cinco.

2 rancarder, rencarder
v., fam.
INFORMAR

—*Je crois qu'on t'a mal **rancardé**, c'est pas ici que tu dois demander ta bourse.* • Acho que te deram a informação errada, porque não é aqui que você tem que pedir sua bolsa.

rapiat/atte *subs., adj., fam.*

PÃO-DURO, MÃO DE VACA

raquer *v., fam.*

PAGAR, DESEMBOLSAR

râteau (se prendre un) *loc., fam.*

LEVAR UM FORA

—*Romain voit pas que la meuf qu'il veut draguer sort avec le grand brun qui arrive avec des boissons. Il **va se prendre un râteau**.* • Romain não percebe que a mina que ele tá a fim sai com o moreno alto que traz as bebidas. Ele vai levar um fora dela.

ratonnade *subs. f., de "raton"*

1 CAÇA DE MAGREBINOS
Expedição punitiva ou brutalidade dos europeus contra os estrangeiros (principalmente os magrebinos). Por extensão, brutalidade cometida contra um grupo étnico ou social.

Um exemplo tristemente famoso de ratonnade aconteceu na noite de 17 de outubro de 1961 (um ano antes do final da Guerra da Argélia), na qual mais de 200 imigrantes argelinos morreram, em mãos da polícia de Paris, fuzilados, espancados e afogados no Sena.

rebeu/euse *subs., adj., inversão*
(beur, *inversão de* arabe)
Também **reubeu/euse**, **robeu/euse**.
1 JOVEM DE ORIGEM ÁRABE NASCIDO NA FRANÇA

—*Les renois et les **rebeus** ont souvent des postes précaires.* • É comum que os negros e os árabes nascidos na França tenham trabalhos precários.

2 MERCADINHO
Por extensão, loja de ultramarinos levada por árabes.

—*Le **reubeu** du coin, c'est le seul magasin que tu trouveras ouvert le dimanche.* • O mercadinho do árabe da esquina é o único aberto no domingo.

récup *subs. f., abrev.*
(récupération)
RECICLAGEM

—*Il est pas neuf, mon canapé, c'est de la **récup**. Je l'ai trouvé dans la rue.* • Meu sofá não é novo, é reciclado. Encontrei na rua.

refouler *v., fam.*
1 CHEIRAR MAL, FEDER

2 refouler du goulot *loc., fam.*
TER BAFO DE ONÇA

—*Je l'ai pas laissé m'embrasser parce qu'il **refoulait du goulot**.* • Não deixei ele me beijar porque tinha um bafo de onça.

refourguer *v., fam.*
EMPURRAR

—*Les commerçants sans scrupules **refourguent** au Tiers-Monde les produits pourris qui sont pas acceptés ici.* • Os comerciantes sem escrúpulos empurram para o Terceiro Mundo os produtos ruins que não são aceitos aqui.

réglo *adj., fam.*
LEGAL
De acordo com as normas: tanto para uma pessoa leal, que respeita as regras, quanto para um contrato, uma situação etc.

relou *adj., subs., inversão*
(lourd)
CHATO, PÉ NO SACO, MALA

—*Il est **relou**, ton copain, il a passé la soirée à essayer de me draguer.* • Seu amigo é um pé no saco; ficou a noite inteira me xavecando.

renoi *adj., subs., inversão*
(noir)
NEGRO

rep *subs. m., inversão*
(père)
Também **rèp** ou **reup**. É

utilizado também para "pais".
VELHO (pai)

—Mes **reps**, ils vont me tuer quand ils sauront que ma meuf est en cloque. • Meus velhos vão me matar quando souberem que minha namorada tá grávida.

restau, resto
subs. m., fam., abrev.
(restaurant)
RESTAURANTE

se rétamer v., fam.
CAIR, ESPATIFAR-SE

réu subs. f., abrev.
(réunion)
REUNIÓN

—Si on veut avancer, on devrait faire une **réu** toutes les semaines. • Se quisermos adiantar, temos de fazer uma reunião por semana.

reuch, reuche adj., inversão
(cher)
CARO

—Il est trop **reuch**, le bouquin, je vais pas l'acheter. • O livro é muito caro; não vou comprar.

reuf subs. m., inversão
(frère)
MANO, IRMÃO

reum subs. f., inversão
(mère)
VELHA (mãe)

reus/se subs. f., inversão
(sœur)
MANA, IRMÃ

reverlaniser
Quando uma palavra em inversão começa a ser usada pela população e perde seu espírito rebelde, pode-se "reverlaniser", ou seja, reinverter. Isso não significa que ela recupere sua forma original, mas sim que volte a ser rebelde a partir de sua forma em inversão. Por exemplo, o substantivo e adjetivo **arabe** passou a **beur** e depois a **reubeu** ou **reub**. Outro exemplo é o da locução **comme ça**, transformada em **comme aç**, depois em **askeum** e ainda em **asmeuk**.

ricain/e subs., adj., abrev.
(américain/e)
IANQUE, NORTE-AMERICANO
(pessoas)

—Les **ricains**, ils me fatiguent. Leur complexe de supériorité me gave. • Os ianques me cansam. O complexo de superioridade deles me enche o saco.

Ripa *subs. m., inversão*
(Paris)
PARIS

ripou *subs. m., adj., inversão*
(pourri)
1 POLICIAL CORRUPTO

2 CORRUPTO/A

3 PODRE, FEIO, PÉSSIMO (objetos ou situações, mas não pessoas)

rital/e *subs., adj., fam.*
ITALIANO (pessoas)

roberts *subs. m. pl., fam.*
Também **lolos**, **loches**.
TETAS, PEITOS, FARÓIS

—*Même si ses **roberts** c'est des faux, elle est bonne, Pamela.* • Mesmo com tetas falsas, a Pamela é gostosona.

ronneda *subs. f., inversão do ing.*
(daronne)
VELHA (mãe)

—*Ma **ronneda** c'est pas une camée comme la tienne. La mienne, au moins, elle travaille !* • Minha velha não é uma viciada como a sua. Pelo menos ela trabalha.

roploplo *subs. m., fam.*
TETA, PEITO, FAROL

rosbif *subs. m., depr.*
INGLÊS (pessoas)

—*Salauds de **rosbifs**, ils ont brûlé Jeanne d'Arc !* • Os ingleses são uns filhos da puta; eles queimaram a Joana d'Arc!

roupiller *v., fam.*
DORMIR, COCHILAR

roupillon *subs. m., fam.*
SESTA, COCHILO

—*Après manger le dimanche, je pique toujours un petit **roupillon**, j'adore.* • No domingo depois do almoço sempre tiro um cochilo. Adoro isso!

rouquemoute *subs., adj., gír.*
RUIVO

—*Quand elle était enceinte, Claudine avait peur que son fils soit **rouquemoute** et que les gamins se foutent de lui.* • Quando tava grávida, a Claudine tinha medo de que seu filho saísse ruivo e os meninos tirassem sarro dele.

ÇA SCHLINGUE ICI! Y'A UN RAT MORT OU QUOI? • ESTÁ FEDENDO AQUI! TEM UM RATO MORTO OU É O QUÊ?

IL FAIT STYLE LE MEC IMPORTANT, MAIS PERSONNE NE LE CALCULE • FAZ POSE DE IMPORTANTE, MAS TODO MUNDO TIRA O SARRO DELE

salaud *adj., vulg.*
1 FILHO DA PUTA, CANALHA, SACANA

—Quel **salaud** ! Quand Elie a su que sa maîtresse était enceinte, il est reparti vivre avec sa femme. • Que canalha! Quando Elie descobriu que sua amante tava grávida, voltou com a mulher.

2 c'est salaud *loc.*
É UMA SACANAGEM

salope *subs. f., vulg.*
1 É UMA SACANAGEM

—C'est une vraie **salope**. Elle a même un blog avec des photos de ses partouses. • É uma puta piranha. Tem até um blog com fotos das surubas dela.

2 SACANA, VACA

—Quelle **salope** ! Elle a dit à la prof que j'avais copié une ancienne rédac de ma grande sœur. • Que sacana! Ela disse para a professora que eu tinha copiado uma redação da minha irmã mais velha.

3 saloper *v., fam.*
SUJAR, EMPORCALHAR, MANCHAR

—Enlève tes baskets, tu vas **saloper** l'entrée. • Tira esse tênis senão você vai emporcalhar o chão.

4 saloperie *subs. f., vulg.*
a SACANAGEM, PUTARIA, INDECÊNCIA

—Il dit que des **saloperies**, c'est un gros vicieux. • Ele só fala sacanagem, é um puta tarado.

b COLOCAR EMPECILHOS, SACANEAR, FODER

—Ma chef me fait que des **saloperies** au boulot, j'en peux plus, je crois que je vais démissionner. • Minha chefe me fode o tempo todo no trampo, não aguento mais, acho que vou cair fora.

c MERDA, PORCARIA, TRANQUEIRA

—Oui, c'est un magasin pas cher, mais ils vendent que des **saloperies**. • Ela até é uma loja barata, mas só vende porcarias.

se saouler *v. prnl., fam.*
Também **se soûler**.
1 ENCHER A CARA

—Le jour de son divorce, il est parti **se saouler** avec ses amis. • No dia em que se separou foi encher a cara com os amigos.

2 ENCHER(-SE), ENTEDIAR(-SE)
—*Tu **me saoules** avec tes histoires, je veux plus t'entendre.* • *Você me enche o saco com as suas histórias, não quero te ouvir mais.*

saquer *v., fam.*
Também **sacquer**.
1 DESPEDIR(-SE), DAR O FORA, CAIR FORA

2 DAR UMA NOTA RUIM, SER MUITO CRITERIOSO, REPROVAR

3 IR COM A CARA DE ALGUÉM, TRAGAR (suportar)
Sempre é usado de forma negativa "ne pas saquer".

saper *v., fam.*
VESTIR(-SE)
—*Nacira adore se **saper** super classe. Même en vacances elle est impec.* • *Nacira gosta de se vestir com roupas elegantes! Até nas férias é impecável.*

sauter *v., vulg.*
FODER(-SE), se faire sauter DAR
—*Va te faire **sauter**, salope !* • *Vá dar, sua vaca!*

schlinguer *v., fam.*
FEDER, EMPESTEAR
—*Ça **schlingue** ici ! Y'a un rat mort ou quoi ?* • *Tá fedendo aqui! Tem um rato morto ou o quê?*

scotché/e (être) *loc., fam.*
Também **rester scotché/e**.
FICAR BOBO/PASMO

sèche *subs. f., gír.*
CIGARRO
—*T'as une **sèche** ?* • *Você tem um cigarro?*

sécher *v., fam.*
1 DAR BRANCO
—*Quand il est arrivé à la troisième question de l'examen, il a **séché**, il savait plus quoi écrire.* • *Quando chegou na terceira questão da prova, deu branco nele, ele não sabia mais o que fazer.*

2 sécher un cours
CABULAR, MATAR AULAS
—*Ce matin j'avais envie de regarder le tennis à la télé, j'**ai séché les cours**.* • *Hoje de manhã matei aula porque queria assistir ao jogo de tênis na tevê.*

semer *v., fam.*
ESQUIVAR(-SE), DAR UM CHAPÉU
—*Les flics l'ont suivi mais il les a **semés**.* • *Os homens seguiram ele, mas ele deu um chapéu neles.*

séropo *subs., adj., abrev.*
(séropositif, séropositive)
SOROPOSITIVO, VITAMINADO

serrer *v., gír.*
PRENDER, DETER

—Les flics **l'ont serré** juste après le braquage. • Os homens prenderam ele logo depois do assalto.

shit subs. m., fam., do ing.
HAXIXE, MACONHA

shoot subs. m., fam., del ing.
1 CHUTE (futebol)

2 INJEÇÃO, PICADA (de droga)

(se) shooter v., fam., do ing.
1 CHUTAR (futebol)

2 APLICAR, DROGAR(-SE)

short adj., fam., do ing.
APERTADO (de tempo)

—T'as vu l'heure qu'il est ? Je sais pas si on sera à l'aéroport dans 20 minutes, c'est un peu **short**. • Viu que horas são? Não sei se a gente chega no aeroporto em 20 minutos. É um pouco apertado.

siffler v., fam.
SECAR, ENXUGAR (beber)

—T'as pas **sifflé** la bouteille de champ' tout seul? • Você não secou a garrafa de champanhe sozinho, né?

skeud subs. m., inversão
(disque)
Também **skeude**.
CD ou VINIL

sniffer v., do ing.
CHEIRAR (droga)

—Il paraît que Freud **sniffait** de la coke pour soulager les douleurs provoquées par son cancer. • Parece que Freud cheirava coca pra aliviar as dores que o câncer provocava.

soutif subs. m., transfor.
(soutien-gorge)
SUTIÃ

space adj., fam., do ing.
ESQUISITO, ESTRANHO
Tanto para pessoas quanto para objetos ou situações. A pronúncia é a mesma do inglês.

—Il est **space** ce mec. Il dit qu'il est pacifiste mais il adore les films de guerre. • Esse cara é esquisito. Diz que é pacifista, mas adora filmes de guerra.

speech subs. m., fam., do ing.
DISCURSO

—Je me suis endormi pendant le **speech** du père de la mariée. • Acabei dormindo durante o discurso do pai da noiva.

speed
1 être speed loc., fam., do ing.
APRESSADO, COM PRESSA

2 speeder v., fam., do ing.
CORRER, APRESSAR-SE

—**Speede**, on va arriver en retard ! • *Corre, se não a gente vai chegar atrasado!*

squatter v., fam., do ing.
1 INVADIR, OCUPAR

—*Depuis un mois, y'a des keupons qui **squattent** la maison vide d'à côté.* • *Faz um mês que uns punks invadiram a casa vazia do lado.*

2 MONOPOLIZAR

—*Depuis qu'elle a un mec, Léa **squatte** le téléphone de la maison tous les soirs.* • *Desde que arrumou um namorado, Léa monopoliza o telefone de casa todas as noites.*

3 squatter subs. m., fam., del ing.
Também **squatteur**.
OCUPANTE

States subs. m. pl., fam., do ing., abrev.
(United States)
Pronuncia-se "steits".
ESTADOS UNIDOS

—*Karyn, elle est née aux **States**. C'est une ricaine.* • *Karyn nasceu nos States. É uma ianque.*

stick subs. m., fam., do ing.
BASEADO, MACONHA

style interj., fam.
1 FALA SÉRIO! ME ENGANA QUE EU GOSTO! MAS É CLARO!, LÓGICO! *(irôn.)*

—*Tu veux me faire croire que tu sais skier, alors que t'es jamais sorti de ton quartier ? **Style** !* • *Você quer que eu acredite que sabe esquiar, sendo que você nunca saiu de seu bairro? Fala sério!*

2 stylé adj., fam., do ing.
Pronuncia-se "stilé".
QUE TEM ESTILO, QUE TEM CLASSE, ESTILOSO, CLASSUDO

—*J'adore comment il s'habille, il est trop **stylé**.* • *Adoro o jeito como ele se veste; ele é super classudo.*

3 faire style loc., fam.
(FAZER) POSE

—*Il **fait style** le mec important, mais personne ne le calcule.* • *Faz pose de importante, mas ninguém dá bola pra ele.*

sucette (partir en)
loc., fam.
DESANDAR, ACABAR EM BRIGA

sucrer v., fam.
CONFISCAR, PEGAR, TOMAR

—*La police lui **a sucré** son permis de conduire.* • *A polícia tomou sua carteira de motorista.*

survêt subs. m., abrev.
(survêtement)
O **t** final é pronunciado.
MOLETOM, AGASALHO

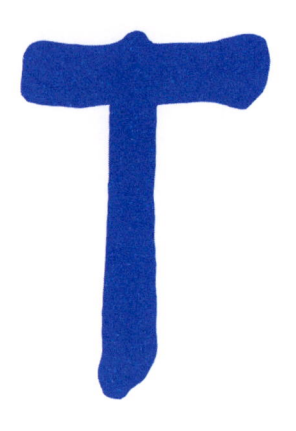

tache subs. f., adj., fam.
IMBECIL, BABACA, OTÁRIO

—Quelle **tache** ! Il est même pas capable de reconnaître qu'il nous a menti. • Que babaca! Não é capaz sequer de reconhecer que mentiu pra gente.

taf subs. m., gír.
Também **taffe**.
TRAMPO, EMPREGO (trabalho)

—Il est au chômedu. Il vient de perdre son **taf**. • Tá no olho da rua. Acabou de perder o trampo.

taffe subs. f., gír.
TRAGO, PEGA (cigarro)

—Tu me laisses tirer une petite **taffe** sur ton tarpé ? • Posso dar um trago no seu bagulho?

'tain interj., vulg., abrev.
(putain)
PORRA!

—**'Tain**. T'aurais pu me prévenir avant de faire ça ! • Porra, você podia ter me avisado antes de fazer isso!

tamponner
s'en tamponner (le coquillard) loc., fam.
NÃO LIGAR, NÃO DAR A MÍNIMA, NÃO ESTAR NEM AÍ

—Je **m'en tamponne**, fais ce que tu veux. • Não tô nem aí, faz o que você quiser.

tantouse subs., adj., despect., fam.
Também **tante**, **tantouze**.
BOIOLA, BICHA, VEADO, MARICAS

taper v., fam.
1 PEDIR DINHEIRO EMPRESTADO

—Il nous **a** encore **tapé** 50 euros. J'en ai marre, c'est la dernière fois que je lui prête de l'argent. • Ele me pediu 50 euros de novo. Tô de saco cheio, é a última vez que empresto dinheiro pra ele.

2 SERVIR(-SE), PEGAR

—Vous pouvez **taper** dans le frigo, faites comme chez vous. • Pode pegar o que quiser da geladeira, sinta-se em casa.

3 AFANAR, PASSAR A MÃO, ROUBAR

—Tu te souviens de Stéphane ? Et

*ben, maintenant il **tape** des sacs à main dans le métro.* • *Você se lembra da Stéphane? Pois é, agora ela rouba bolsas no metrô.*

4 CHAMAR ATENÇÃO, DAR INVEJA

—*Elles **tapent** mes Ray-ban, hein ?* • *O meu ray-ban é demais, né?*

se taper v. prnl., fam.

1 DEVORAR (filme, livro...)

—*À chaque fois que je passe le week-end chez mon grand-père, je suis obligé de **me taper** tous les films de guerre.* • *Cada vez que passo um fim de semana na casa do meu avô, tenho que devorar todos os filmes de guerra.*

2 EMBORCAR, SECAR (BEBER)

—*À tous les repas, il **se tape** une bouteille de rouge tout seul.* • *Em todas as refeições, ele seca uma garrafa de vinho tinto sozinho.*

3 TREPAR, TER UM CASO

—*Il **se tape** la voisine depuis cinq ans et le seul de l'immeuble qui le sait pas, c'est le mari.* • *Ele trepa com a vizinha faz cinco anos e o único do prédio que não sabe é o marido dela.*

4 SOBRECARREGAR(-SE), SOBRAR PARA ALGUÉM (TRABALHO)

—*Je **me suis tapé** tout le travail. Vous croyez pas que je vais en plus faire les photocopies et les envoyer aux chefs !* • *O trabalho sobrou todo pra mim. Podem ficar sonhando que eu ainda vou xerocar e mandar pros chefes!*

5 AGUENTAR, SUPORTAR, ATURAR

—*Je **me suis** déjà **tapé** la belle-sœur et le beau-frère tout l'été, je vais pas en plus **me taper** la belle-mère à Noël !* • *Já tive de aguentar a cunhada e o cunhado o verão inteiro, não vou ainda aturar a sogra no Natal!*

6 s'en taper loc., fam.
NÃO ESTAR NEM AÍ, NÃO DAR A MÍNIMA

—*On **s'en tape**, vas-y, appelle les flics !* • *A gente não dá a mínima! Vai, pode chamar os tiras!*

tapette subs. f., fam.
BOIOLA, BICHA, VEADO, MARICAS

tapin (faire le) loc., fam.
Também **tapiner**.
PROSTITUIR-SE

—*Elle **fait le tapin** depuis qu'elle a 16 ans. Pauv' gosse !* • *Desde os 16 anos ela se prostitui. Tadinha!*

taré/e subs., adj., fam.
DOIDO/A, LOUCO/A, ESTRANHO/A, BIZARRO/A

tarpé subs. m., inversão
(pétard)
MACONHA, BASEADO, BAGULHO

—*Qu'est-ce qu'y a dans ton **tarpé** ? Du shit ?* • *O que tem nesse bagulho? Haxixe?*

taser *v., do ing.*
ATACAR COM PISTOLA ELÉTRICA

taule *subs. f., gír.*
XILINDRÓ, XADREZ, CADEIA, PRISÃO, CANA

EM FRANCÊS HÁ MUITAS EXPRESSÕES QUE SIGNIFICAM ESTAR ENCARCERADO: AU BLOC, EN CABANE, AU GNOUF, À L'OMBRE, AU PLACARD, EN TAULE, AU TROU...

taxer *v., fam.*
CERRAR, FILAR (cigarro), PEGAR
—*Je peux te taxer une clope ? Il m'en reste plus.* • Posso cerrar um cigarro? Tô zerado.

tchatche *subs. f., fam.*
1 LÁBIA

2 **tchatcher** *v.*
CONVERSAR, BATER PAPO
—*Léa, elle adore tchatcher. Une vraie concierge !* • A Léa adora conversar. É uma verdadeira porteira!

téci *subs. f., inversão*
(cité)
BAIRRO DE RESIDÊNCIAS MODESTAS, SUBÚRBIO, PERIFERIA

tèje *v., inversão*
(jeter)
ESCORRAÇAR, ENXOTAR, MANDAR PARA FORA
—*Quand Kamel m'a vu arriver avec deux heures de retard, il m'a tèje.* • Quando Kamel me viu chegar com duas horas de atraso, me enxotou.

téloche *subs. f., defor.*
(télévision)
TEVÊ

téma, tema *v., inversão*
(mater)
VER, OLHAR
—*Téma la meuf, elle est canon !* • Veja essa mina, ela é demais!

tepu *subs. f., inversão*
(pute)
Também **teuhpu**.
PUTA

terrible *adj., fam.*
SINISTRO, INCRÍVEL, FANTÁSTICO
—*Il a été terrible, le concert d'hier soir, ça a été le meilleur de ma vie.* • Foi sinistro o show de ontem, o melhor de minha vida.

teté *subs. f., inversão*
(tête)
Também **teuté**.
CABEÇA

tête subs. f.

1 avoir la tête dans le cul
loc., fam.
ESTAR SÓ O PÓ (por falta de sono)

—*Kevin a pas dormi de la nuit. Il **a la tête dans le cul**.* • *Kevin não dormiu a noite toda. Tá só o pó.*

2 se casser la tête *loc., fam.*
a ESQUENTAR A CABEÇA

—***Te casse pas la tête**, on fera des sandwiches à midi.* • *Não esquenta a cabeça, a gente faz uns sanduíches pro almoço.*

b QUEBRAR A CABEÇA

3 se prendre la tête *loc., fam.*
a ENCHER O SACO, DAR NOS NERVOS, IRRITAR(-SE)

—*Elle **me prend la tête** avec son voyage qu'elle organise depuis six mois.* • *Ela me enche o saco com essa viagem que ela tá organizando faz seis meses.*

b DISCUTIR COM ALGUÉM

—*Ça a été une fête de merde. Sylvie et Nadège **se sont pris la tête** toute la soirée.* • *Foi uma festa de merda. Sylvie e Nadège discutiram a noite toda.*

teuchi *subs. m., inversão*
(shit)
Também **teushi**, **teuch**, **teush**.
HAXIXE

teuf *subs. f., inversão*
(fête)
FESTA, BALADA

—*Tu vas à la **teuf** de Cédric demain ? Il a invité plein de monde.* • *Você vai à festa do Cédric amanhã? Ele convidou um montão de gente.*

texto

1 *adv., abrev.*
(textuellement)
TEXTUALMENTE

2 *subs. m.* SMS, TORPEDO, MENSAGEM (DE CELULAR)

Texto é uma palavra que designa a mensagem enviada pelo celular e, ao mesmo tempo, uma nova forma de linguagem utilizada nos chats, e-mails e torpedos. Tanto os adolescentes quanto os adultos o utilizam, mas entre os adolescentes o sistema de abreviação é tão radical que nem sempre os adultos conseguem entendê-lo. Essa maneira de escrever é baseada em algumas técnicas que podem variar de acordo com os costumes de cada um. O objetivo é que a mensagem seja sempre o mais sucinta possível, dentro, é claro, dos limites da compreensão. As técnicas de abreviação que se costuma usar são:

• Para as palavras mais comuns, escrevem-se apenas as consoantes: *salut* → *slt*, *bonjour* → *bjr*, *toujours* → *tjr*

- As palavras cuja redução é muito difícil são escritas de acordo com sua fonética, somente com consoantes e cifras: Je t'appelle dès que je peux. → jtapLDkejpe

- As letras mudas e dobradas não são escritas. Se for imprescindível escrevê-las, elas sofrem as seguintes transformações:
au → o, de → 2, C'est → C, ph → f, ai → e/é
Qu'est-ce que tu fais aujourd'hui? → kesktufé oj?

- Escrevem-se apenas as letras que correspondem aos sons: Cet/cette → 7, à demain → a2m1, quoi de neuf ? → koi2 9?

- No caso de duas palavras seguidas, pode-se colocar um espaço para que não haja interpretação errada:
À un de ces quatre ! → A1 2C4

- A mesma palavra pode ser escrita de várias maneiras. As consoantes da grafia original podem ser substituídas por consoantes que têm o mesmo som. Por exemplo, a letra K ou Q substitui o QU numa palavra: quoi → koi → qoi

- É muito comum utilizar siglas: Mort de rire → mdr, s'il te plaît → stp

- As letras maiúsculas servem para indicar que se está gritando ou para indicar que a mensagem deve ser lida com a fonética da letra: tarder → tarD, pressé → préC

- Algumas palavras francesas são substituídas pela tradução em inglês, aplicando a mesma técnica de transcrição fonética: trop tard → 2L8 (too late), avant → B4 (before), laugh out loud ("estou morrendo de rir") → lol

- A pontuação não importa quando a frase corresponde claramente a uma pergunta: Qu'est-ce que c'est ? → keskeC

thon *subs. m., fam.*
CANHÃO, MONSTRO (FEIO)

—*Quel **thon** cette nana ! Elle a une gueule qui fait peur.* • *Essa mina é uma baranga! Tem uma cara que dá medo.*

thune *subs. f., gír.*
Também **tune**.
GRANA (dinheiro)

ticket
avoir un ticket avec qqn
loc., fam.
SER APRECIADO POR ALGUÉM, TER ALGUÉM NO PAPO (BICO)

—*Va lui parler, t'**as un ticket avec elle**.* • *Vá falar com ela, ela já tá no papo.*

tif *subs. m., fam.*
Também **tiffe**.
CABELO

—*T'as vu Thomas ? Il s'est fait couper les **tifs** à la Beatles.* • *Já viu o Thomas? Ele cortou o cabelo como/ que nem os Beatles.*

tige subs. f., fam.
CIGARRO

tire subs. f., gír.
CARRO, CARANGO

tirer v., fam.
1 AFANAR, SURRUPIAR, ROUBAR

—*Il a voulu **tirer** une caisse mais il y avait plus d'essence dans le réservoir.* • *Quis roubar um carro, mas não tinha gasolina no tanque.*

2 CAIR FORA, DAR O FORA

—*Viens, on **se tire**, elle est chiante cette fête.* • *Vamos vazar que esta festa tá um porre.*

tiser v., gír.
ENXUGAR (bebida alcoólica)

—*Si tu continues de **tiser**, c'est moi qui prends le volant.* • *Se você continuar enxugando, eu dirijo.*

tkt em torpedos e e-mails, abrev.
(t'inquiète)
FIQUE TRANQUILO, NÃO ESQUENTA, NÃO ESTRESSA

tof subs. f., abrev. da inversão
(photo)
FOTO

top adj., subs., fam.
1 O IDEAL, O MÁXIMO

—*Faire un jogging à la plage, c'est le **top**.* • *Fazer cooper na praia é o máximo.*

2 TOP MODEL

—*La première dame de France est une ex-**top**.* • *A primeira-dama da França foi top model.*

toubib subs. m., do ár. tbib ("médico")
MANJAR, DOMINAR

—*J'ai vu le **toubib**, j'ai une angine.* • *Fui ao médico, tô com angina.*

toucher v.
1 toucher (sa bille) loc., fam.
MANJAR, DOMINAR

—*Demande à Éric de t'aider à réparer ton ordi, il **touche** bien en informatique.* • *Pede pro Éric te ajudar a arrumar o computador, ele manja de informática.*

2 ne pas toucher une bille
loc., fam.
NÃO TER IDEIA, NÃO FAZER A MÍNIMA, NÃO SABER FAZER

—*Je **touche pas une bille** en bricolage. Je fais toujours appel à des professionnels.* • *Não tenho a mínima ideia de como consertar qualquer coisa em casa. Sempre chamo um profissional.*

3 se toucher (la nuit) loc., vulg.
VIAJAR, SONHAR

—*Tu crois que ton oncle va te donner la maison de campagne ? Tu **te touches la nuit**, ou quoi ?* • *Você acha que seu tio vai te dar a casa de campo? Vai sonhando!*

tournante subs. f.
ESTUPRO COLETIVO/EM BANDO

—*C'est dégueulasse. Les connards qui font des **tournantes**, ils disent que c'est un jeu.* • *É nojento! Os filhos da puta que estupram em bando dizem que é só uma brincadeira.*

toutou subs. m.
CACHORRO, TOTÓ

—*Mate le **toutou** avec la grand--mère : ils ont la même coiffure.* • *Olha o totó da vovó: eles tão com o mesmo penteado.*

touze subs. f., abrev.
(partouze)
ORGIA, BACANAL, SURUBA

toxico subs., fam., abrev.
(toxicomane)
VICIADO, DROGADO

—*Sous le pont, c'est plein de **toxicos**. Personne ose plus aller se balader par là.* • *Debaixo da ponte está cheio de viciados. Ninguém se atreve a passear por ali.*

tracer v., fam.
IR RÁPIDO, CORRER

—*Je veux pas rater le dernier train, je **trace**, ciao !* • *Não quero perder o último trem, fui. Até mais!*

travelo subs., fam., abrev.
(travesti)
Também **trave**, **travelotte**.
TRAVESTI, TRAVECO

—*Dans ce cabaret, tous les artistes sont des **travelos**.* • *Nesta boate todos os artistas são travecos.*

trempe subs. f., fam.
SOCO, MURRO

—*Tu peux pas le laisser te foutre des **trempes**. Faut que tu dénonces.* • *Você não pode deixar que ele te soque. Tem que denunciar.*

trimer v., fam.
RALAR, CAMELAR, TRAMPAR
(trabalhar duro)

—*On en a marre de **trimer** 12 heures par jour et de pas toucher d'heures sup. On va se mettre en grève.* • *A gente não aguenta mais camelar 12 horas por dia sem ganhar horas extras. A gente vai fazer greve.*

trip subs. m., fam., do ing. am.
1 VIAGEM (alucinação provocada pelas drogas)

—*Je savais pas que l'omelette était aux champignons hallucinogènes, je* *te raconte pas le **trip** que je me suis tapé ! • Não sabia que a omelete tinha cogumelos alucinógenos. Nem te conto a viagem que fiz!*

2 mon trip, ton trip, …
A MINHA, A SUA (PRAIA), …
—*La danse orientale, c'est pas **mon trip**, je préfère le flamenco.* • *A dança oriental não é a minha praia, prefiro o flamenco.*

trom, tromé _{subs. m., inversão}
(métro)
METRÔ
—*J'ai raté le dernier **trom** et j'ai pris un taxi.* • *Perdi o último metrô e peguei um táxi.*

tronche _{subs. f., fam.}
CARA
—*T'as vu la **tronche** qu'il a fait quand on est arrivés ?* • *Viu a cara que ele fez quando a gente chegou?*

trop _{adj., fam.}
Advérbio utilizado aqui como adjetivo.
DEMAIS
—*Il est **trop** ce mec, je crois que je vais tomber amoureuse !* • *Acho que vou me apaixonar por esse cara. Ele é demais!*

trou _{subs. m.}
1 boire comme un trou
loc., fam.
BEBER COMO UMA ESPONJA

2 trou de balle loc., fam.
FIOFÓ, ÂNUS
—*Ralph veut se spécialiser en proctologie. Il va voir des **trous de balle** à longueur de journée.* • *Ralph quer se especializar em proctologia. Vai ver fiofós o dia inteiro.*

3 trou du cul loc., vulg.
Também **trouduc**.
a ÂNUS, FIOFÓ

b OTÁRIO, BABACA

trouille _{subs. f., fam.}
MEDO, CAGAÇO
—*Quelle **trouille**, la première fois que j'ai pris le métro tout seul !* • *Tive o maior cagaço a primeira vez que peguei o metrô sozinho!*

truc _{subs. m., fam.}
1 COISA, NEGÓCIO
—*J'ai un **truc** à te raconter. Tu vas pas y croire.* • *Tenho que te contar um negócio. Você não vai acreditar.*

2 TROÇO, COISA, NEGÓCIO
—*Passe-moi le **truc** pour peler les patates.* • *Me passe o negócio de descascar batatas.*

3 mon truc, ton truc, …
A MINHA, A SUA (PRAIA), …
—*La cuisine, c'est pas **son truc**, il mange que des sandwichs.* • *A cozinha não é a praia dele. Ele só come sanduíches.*

4 un truc de ouf *loc., adv., fam.*
UMA COISA INACREDITÁVEL/
DE LOUCO
—*Ce mec, il parle **un truc de ouf**, il est insupportable !* • *Esse cara me disse uma coisa de louco, é insuportável!*

turlute, turlutte *subs.*
f., gír.
CHUPETA, BOQUETE (SEXO ORAL)

v

vache
1 DURO, SEVERO *adj., fam.*

—*Le prof il a été **vache** avec moi, il m'a foutu à la porte sans raison.*
• *O professor foi muito duro comigo, me mandou embora da sala sem nenhum motivo.*

2 la vache *interj., fam.*
CARAMBA! PUTZ!

—***La vache** ! T'as vu l'accident ?*
• *Caramba! Você viu o acidente?*

valoche *subs. f., fam., defor.*
(valise)
MALA, MALETA

—*Passe-moi ta **valoche**. Elle est trop lourde pour toi.* • *Me passa a sua maleta. Ela é muito pesada pra você.*

vanne *subs. f., fam.*
1 PIADAS

—*J'en ai marre des **vannes** de Jeannot. Il se croit marrant le pauvre.*
• *Tô cansado das piadas do Jeannot. O babaca se acha engraçado.*

2 vanner *v., fam.*
FAZER POUCO, DEBOCHAR, ZOMBAR DE ALGUÉM

vapes *subs. f. pl., fam*
être dans les vapes, tomber dans les vapes *loc., fam.*
1 DESMAIAR

2 ESTAR NAS NUVENS

vas-y *interj.*
Interjeição polissêmica empregada para expressar irritação, exasperação.
MERDA, PORRA

—***Vas-y**, j'en ai marre, on est le 5 du mois et j'ai toujours pas touché ma paye !* • *Merda, tô cheio, hoje já é dia 5 e eu ainda não recebi meu pagamento!*

vénère *adj., inversão*
(énervé)
ABORRECIDO (muito nervoso), PUTO (de raiva)

vent subs. m.

1 mettre un vent loc.
NÃO LIGAR, NÃO DAR A MÍNIMA

—*J'ai essayé de lui parler mais elle m'a **mis un vent**.* • Tentei falar com ele, mas ele não me deu a mínima.

2 se prendre un vent loc., fam.
SER IGNORADO POR ALGUÉM

verlan subs. m., in
(l'envers)
Forma de gíria do francês que consiste em inverter as sílabas ou as letras das palavras, mesmo que às vezes ocorram alterações dos sons. Seu emprego se estendeu principalmente a partir da Segunda Guerra Mundial. Inicialmente era usado como linguagem cifrada entre os empregados da construção civil e imigrantes da periferia de Paris, mas acabou se propagando rapidamente entre grande parte da população, sobretudo os jovens. Alguns exemplos de palavras em inversão muito utilizadas são tromé (métro), ripou (pourri) y meuf (femme).

vert adj.

1 être vert/e loc., fam.
FICAR FURIOSO, PUTO DA VIDA

—*Quand Émilie m'a dit qu'elle ne venait pas, j'**étais vert**. J'étais déjà en train de l'attendre à l'aéroport.* • Quando Émilie me disse que não vinha, fiquei possesso. Já estava esperando ela no aeroporto.

2 être vert de trouille, être vert de peur
ESTAR CAGANDO DE MEDO

se viander v., fam.
ACIDENTAR(-SE)

—*Hier Didier **s'est viandé** à vélo. Aujourd'hui il est resté tranquille chez lui.* • Ontem Didier se acidentou com a bicicleta. Hoje ele ficou quietinho em casa.

vioque subs., gír., depr.
(vieux)
VELHA

—*Tu vas pas mettre ça, c'est une robe de **vioque** !* • Você não vai pôr isso, é um vestido de velha!

virer v., fam.
DISPENSAR, DEMITIR

—*Diane s'est fait **virer** de son boulot. Ils restructurent sa boîte.* • Dispensaram Diane do trampo. Estão reestruturando a empresa.

viser v., fam.
VER, OLHAR, FIXAR(-SE) EM ALGUMA COISA

—***Vise** Fabien, il essaie de draguer la nouvelle.* • Olha o Fabien tentando xavecar aquela mina.

wy

walou *adv., del ár. magrebí*
NADA, NADINHA DA SILVA

—*Il t'en reste même pas un peu ? // Non, walou.* • *Não te sobrou nem um pouco?// Nadinha da Silva.*

à walpé *loc., inversão*
(à poil)
Também **à walp**.
NU EM PELO, PELADO

—*Attends, je t'ouvre dans une minute, je suis à walp.* • *Espera, abro pra você num minuto. Tô pelado.*

wesh-wesh *subs. m., fam.*
Também **ouèche-ouèche**, **ziva**.
ADOLESCENTE DA PERIFERIA
(subúrbio) (veste agasalhos, tênis e usa o linguajar verlan)

yeuk *subs. f., inversão*
(couille)
Também **yoc**.
ENCHER/TORRAR O SACO, ENCHER A PACIÊNCIA

—*Tu me casses les yeuks, dégage !* • *Você tá me enchendo o saco, vaza!*

yeuve *adj., inversão*
(vieux)
VELHO/A (PAI/MÃE)

—*J'ai pas envie d'aller manger chez lui. Ils sont chiants ses yeuves.* • *Não tô afim de comer na casa dele. Os velhos dele são um saco.*

yeuz *subs. m. pl., inversão*
(yeux)
Inclue o **s** do artigo les por conta da *liaison* ("les yeux" pronuncia-se "lèzieux").
OLHOS

z

zapper *v., del ing.*
1 NÃO DAR A MÍNIMA, NÃO LIGAR
—*La formation informatique, je l'ai zappée. Le niveau était trop nul.* • Não dei a mínima pro curso de informática. O nível era muito baixo.

2 ESQUECER(-SE)
—*J'ai complètement zappé. Je devais rappeler Guillaume. Il va être fâché !* • Esqueci completamente de ligar pro Guillaume. Ele deve ter ficado puto.

zarbi *adj., inversão*
(bizarre)
Também **zarb**, **zarbe**.
ESTRANHO, ESQUISITO
—*Il est zarbi ce film !* • É estranho esse filme!

zarma *interj., do ár.*
CARAMBA, POXA, PORRA *(irón.)*

—*Zarma, tu pourrais faire un effort. C'est l'anniversaire de ta mère !* • Poxa! Você podia fazer um esforço, afinal é o aniversário de sua mãe.

zen *subs. m., inversão*
(nez)
NARIZ
—*À force de se faire opérer, il va plus avoir de zen.* • Depois de ter feito tantas plásticas ele vai acabar ficando sem nariz.

zézette *subs. f., fam.*
1 PICA, PINTO, CARALHO

2 XOXOTA

zgueg *subs. m., fam.*
Também **zguègue**.
PICA, PINTO, CARALHO

zic *subs. f., inversão ou abrev.*
(musique)
Também **zik**, **zizic**, **zikmu**.
MÚSICA
—*Même pour m'endormir, j'ai besoin qu'il y ait de la zik dans ma chambre.* • Até pra dormir eu preciso de música no quarto.

zieuter *v., fam.*
Também **zyeuter**.
ENCARAR ALGUÉM, FICAR DE OLHO EM ALGUÉM
—*Arrête de zyeuter la décolleté d'Hélène. Elle va t'en mettre une.* •

Para de ficar encarando o decote da Hélène, que ela vai te meter a mão.

zigouiller *v., fam.*
APAGAR, MATAR

—*Ça me fait chier, les jeux vidéo où faut **zigouiller** tout le monde.* • *Me enchem o saco os videogames em que você tem que apagar todo mundo.*

zigounette *subs. f., fam.*
PICA, PINTO, CARALHO

zincou *subs., inversão*
(cousin/e)
Também **zinecou**.
PRIMO/A

—*Cet été, je vais revoir toutes mes **zinecous**.* • *Este verão vou voltar a ver todas as minhas primas.*

zizi *subs. m., fam.*
PICA, PINTO, CARALHO

zob *subs. m., vulg., do ár.*
Também **zobi**.
1 PINTO, CARALHO

2 *interj.* PORRA, CARALHO, MERDA NENHUMA!

3 peau de zob *loc., fam.*
PORRA NENHUMA

—*J'ai compris **peau de zob** à son bouquin.* • *Não entendi porra nenhuma do livro dele.*

zon *subs. f., abrev.*
(prison)
Também **zonzon**.
XILINDRÓ, CADEIA

zonard/e *subs., adj., fam.*
DELINQUENTE

zonblou *subs. m., inversão*
(blouson)
Também **zoublon**.
BLUSÃO, JAQUETA

—*Il a perdu son **zoublon**. S'il rentre à moto chez lui en chemise, il va attraper la crève.* • *Perdeu sua jaqueta. Se voltar pra casa só de camisa, vai pegar uma gripe.*

zone *subs. f.*
1 PERIFERIA, SUBÚRBIO

2 zoner *v.*
a PERAMBULAR

b VAGABUNDEAR (na rua)

zonmé *subs. f., inversão*
(maison)
CASA

—*Malika s'est fait construire une **zonmé**, on dirait un palais.* • *Malika mandou fazer uma casa que parece um palácio.*

1ª edição fevereiro de 2011 | **2ª reimpressão** abril de 2016
Diagramação Casa de Idéias | **Fonte** Plantin | **Papel** Offset 120 g/m²
Impressão e acabamento Cromosete